BIOÉTHIQUE

Questions pour un discernement

ISBN 978-2-283-61097-8

Groupe de travail sur la bioéthique

Mgr Pierre d'Ornellas, Mgr Henri Brincard,
Mgr Gérard Defois, Mgr Maurice Fréchard,
Mgr Guy Thomazeau, Mgr Norbert Turini

BIOÉTHIQUE

Questions pour un discernement

Desclée de Brouwer
Lethielleux

HOMME, QUE FAIS-TU DE TON « GÉNIE » ?

La révision des lois de bioéthique concerne directement la vie de chacun d'entre nous. Elle embrasse un vaste champ d'expériences et de connaissances dont il est difficile de prendre la mesure exacte. C'est pourquoi, nul n'a contesté l'opportunité du « vaste débat » qui se déroule en France pour préparer cette révision. Les nombreuses rencontres et réunions ont montré la place essentielle du dialogue dans une société démocratique.

En prolongement de Bioéthique. Propos pour un dialogue

Pour participer à ce dialogue, la Conférence des Évêques de France s'est dotée d'un Groupe de travail sur la bioéthique dès le mois de novembre 2007. Il a résolument adopté la méthode du dialogue pour avancer dans sa réflexion. En février 2009, il en a proposé un premier fruit dans le livre *Bioéthique. Propos pour un dialogue*[1].

1. Mgr Pierre D'ORNELLAS et alii, *Bioéthique. Propos pour un dialogue*, Lethielleux-DDB, 2009, 153 p. Cité ci-dessous par *Propos pour un dialogue*.

Dans ce livre, nous avons exprimé notre grand «oui» à la vie humaine et notre encouragement à la médecine appelée à de nouvelles thérapies. Devant certaines mises en œuvre de techniques biomédicales, nous y avons aussi formulé des convictions et des interrogations en concluant par une pensée de Hans Jonas: «l'aventure de la technologie, avec ses risques extrêmes, exige ce risque de la réflexion extrême.»

Depuis, le Conseil d'État a rendu publique son «étude»[2] adoptée le 9 avril 2009 en assemblée générale plénière. Cette étude est le fruit d'un «travail ouvert, enrichi par le débat contradictoire» grâce à des auditions de personnalités compétentes dans leur domaine de spécialisation, et mené par «un groupe multidisciplinaire réunissant médecins, chercheurs, juristes, universitaires de différentes disciplines, responsables de santé publique et représentants des ministères compétents».

Parallèlement, les États Généraux ont été l'occasion «d'un débat ouvert, serein et réfléchi» afin de «susciter un questionnement partagé sur les valeurs qui fondent et doivent structurer la législation» en bioéthique, selon Mme Bachelo-Narquin. Cela suscita forums, colloques et contributions. Le «rapport final» des États Généraux[3]

---

2. CONSEIL D'ÉTAT, *La révision des lois de bioéthique*, coll. Les études du Conseil d'État, La documentation Française, 2009, 144 p. Cité ci-dessous par *Étude*.

3. Alain GRAF, *Rapport final, États Généraux de la bioéthique*, 1er juillet 2009, 133 p. La Partie I constitue le Rapport lui-même avec ses 66 pages. Elle est citée ci-dessous par *Rapport*. La Partie II est composée de 8 annexes. Elle est citée ci-dessous par *Rapport-Annexe*. Le Rapport final ne tient compte, semble-t-il, que des trois forums rassemblant des citoyens à Strasbourg, Marseille et Rennes. La manière dont le rapporteur traite les productions de citoyens sur le Site des États Généraux est surprenante : « il convient, pour le moins, d'appréhender avec circonspection les opi-

a été conclu le 1er juillet 2009 et se présente comme une synthèse de la «réflexion collective» menée entre «citoyens».

L'étude du Conseil d'État a été effectuée à la demande du Premier ministre. Selon sa mission propre d'apporter un conseil à la délibération du Gouvernement, cette étude est normalement un premier acte formel de la procédure qui conduit à la préparation du projet de loi prévu dans le cadre de la révision des lois de bioéthique.

Le rapport des États Généraux n'a pas cette mission. Seule sa force morale fait plus ou moins autorité. Il a été publié après l'étude du Conseil d'État qui n'a donc pas pu en tenir compte. Il serait contradictoire avec l'intention du Gouvernement de penser que l'étude du Conseil d'État détermine les orientations juridiques de la révision. En effet, le Premier ministre souligne l'importance du « vaste débat faisant appel à la participation des citoyens » et fixe un calendrier où ce débat est postérieur à la remise des conclusions du Conseil d'État[4].

Le dialogue est donc appelé à se poursuivre. C'est dans cette perspective que *Bioéthique. Questions pour un discernement* prolonge notre premier ouvrage[5]. Ses six

---

nions exprimées sur le site ». Tout en relativisant avec justesse le registre de «dénonciation» de certaines opinions, il semble juste de tenir compte de certaines contributions qui ne manquent pas de pertinence par la qualité de leur raisonnement.

4. Voir la lettre de M. François Fillon du 11 février 2008 au Vice-Président du Conseil d'État, in *Étude*, p. 129. Voir aussi la lettre de mission du Président Nicolas Sarkozy à M. Jean Léonetti du 28 novembre 2008, in *Rapport-Annexe*, p. 3.

5. *Propos pour un dialogue* a huit chapitres : 1. Recherche sur l'embryon et sur les cellules souches ; 2. Prélèvements et greffes d'organes, de tissus et de cellules ; 3. Recherche biomédicale et expression du consentement ; 4. L'indisponibilité du corps humain ; 5. L'assistance médicale à

chapitres ont été rédigés grâce à la collaboration d'experts variés. Qu'ils en soient vivement remerciés.

Bioéthique. Questions pour un discernement se présente comme un dialogue avec l'« étude » du Conseil d'État et le « rapport » des États Généraux. Ces deux documents, chacun selon sa visée et sa méthode propres, sont d'ailleurs complémentaires : d'une part, ils abordent des points différents et, d'autre part, les citoyens esquissent des perspectives sociétales qui enrichissent l'expertise du Conseil d'État.

Non pas un consensus mais un dialogue fructueux

Le dialogue est d'autant plus nécessaire que les problèmes sont ardus. Face à la complexité de la science biomédicale et devant les enjeux d'humanité qu'elle soulève, l'opinion ne suffit pas. De même, aucun savoir particulier n'est suffisant. Le dialogue va au-delà d'un échange d'opinions et d'un partage des savoirs. Il invite à écouter la parole d'autrui. Il engage à risquer sa propre parole. En définitive, il est le lieu où les paroles se confrontent respectueusement pour que jaillisse une parole neuve, enrichie de l'apport réfléchi des paroles dont elle procède.

Comme le mot l'indique, le dialogue est service du « *lógos* », c'est-à-dire de la vérité que les partenaires admettent ne pas confisquer mais veulent sincèrement chercher ensemble. Cette recherche de la vérité devient en quelque sorte la lampe du dialogue, qui sort de la simple confrontation de points de vue subjectifs. Selon l'antique leçon socratique, il est plutôt l'organisation de la parole

---

la procréation et l'anonymat du don ; 6. Une éventuelle législation sur la maternité pour autrui ; 7. Les tests génétiques et la médecine prédictive ; 8. Recours au diagnostic prénatal et au diagnostic préimplantatoire.

au service de la raison. Chacun, avec la cordialité de son cœur et la richesse de son expérience, s'engage ainsi pour servir une vérité qui le dépasse comme elle dépasse chacun des interlocuteurs. Alors le dialogue est fructueux. C'est dans ce service de la vérité que la rencontre des mondes culturel, philosophique, scientifique et religieux produit son fruit.

Le dialogue ne peut faire l'économie d'une éthique de la discussion. Celle-ci traite chacun des participants sur un pied d'égalité, au sein d'un espace de liberté fondé sur le respect des personnes. Mais elle ne suffit pas. Il y faut l'amour de la vérité, même quand elle est encore voilée.

Le dialogue ne conduit donc pas à élaborer un consensus par le « moins disant éthique » auquel se refusent le Conseil d'État et les « citoyens ». Il n'est pas une stratégie. Il n'accepte pas l'obscurantisme et trouve sa dynamique dans l'estime de tout l'homme et de tout homme. Il naît de la confiance dans la raison et dans sa capacité de chercher la voie juste et vraie. Il se défie du scepticisme car il estime a priori que cette voie existe et peut être trouvée. C'est pourquoi, il réclame l'écoute attentive et la réflexion persévérante chez tous et chacun.

Le christianisme est sensible à la dimension du dialogue qui unit l'amour à la vérité et la vérité à l'amour. « Parce que l'amour est riche de vérité, l'homme peut le comprendre dans la richesse de ses valeurs, le partager et le communiquer. La vérité est, en effet, *lógos* qui crée un *diá-logos* et donc une communication et une communion. En aidant les hommes à aller au-delà de leurs opinions et de leurs sensations subjectives, la vérité leur permet de dépasser les déterminismes culturels et historiques et de se rencontrer dans la reconnaissance de la substance et de la valeur des choses. La vérité ouvre et unit les intelligences dans le *lógos* de l'amour : l'annonce et le témoignage chrétien de l'amour résident en cela. »[6]

L'homme pris entre son « génie » et son développement

Les découvertes scientifiques et les techniques biomédicales ont fait surgir des « risques anthropologiques » dont certains ont pris conscience[7]. Elles engendrent un débat éthique « où se joue de manière radicale la possibilité même d'un développement humain intégral »[8].

L'Église encourage la recherche scientifique. Nous l'avons dit dans *Bioéthique. Propos pour un dialogue*. Elle se réjouit aussi des progrès de la technique qui « permet de dominer la matière, de réduire les risques, d'économiser ses forces et d'améliorer les conditions de vie. Elle répond à la vocation même du travail humain : par la technique, œuvre de son génie, l'homme reconnaît ce qu'il est et accomplit son humanité. »[9] Cependant, le développement humain et le progrès technique ne sont pas sur le même plan : aucun développement de l'homme n'est possible sans le respect de sa dignité.

La pratique médicale n'est-elle pas confrontée à un face-à-face croissant entre la dignité humaine et des

---

6. Benoît XVI, Encyclique *L'amour dans la vérité* (29 juin 2009), n° 4.

7. Voir Monette Vaquin, *Réflexions sur la notion de « risque anthropologique »*, http://www.tribunes.com/tribune/alliage/48-49/Vaquin_48_49.htm

8. Benoît XVI, Encyclique *L'amour dans la vérité* (29 juin 2009), n° 74.

9. *Ibid.*, n° 69.

techniques de plus en plus sophistiquées ? Face à certaines vulnérabilités, cette pratique n'est-elle pas soumise à la tentation de proposer des techniques avant d'avoir vraiment vérifié leur innocuité ? Placées devant ce face-à-face, des équipes médicales et soignantes ne ressentent-elles pas un « malaise », voire une souffrance ?

Il est vrai que l'évolution des techniques biomédicales est heureuse dans bien des domaines du soin. Mais il est tout aussi vrai que ces progrès scientifiques rapides peuvent fasciner l'homme et le détourner de son authentique développement. Ces techniques, qui ont vocation à servir sa dignité et son développement intégral, ont sans doute été promues par une raison technicienne trop éprise de ses espoirs et peu réceptive aux repères symboliques et anthropologiques patiemment mis au point au long des siècles. « La clef du développement, c'est une intelligence capable de penser la technique et de saisir le sens pleinement humain du "faire" de l'homme, sur l'horizon de sens de la personne prise dans la globalité de son être. (...) La liberté humaine n'est vraiment elle-même que lorsqu'elle répond à la fascination de la technique par des décisions qui sont le fruit de la responsabilité morale. Il en résulte qu'il est urgent de se former à la responsabilité éthique dans l'usage de la technique. »[10]

Notre société a-t-elle suffisamment réfléchi à sa « responsabilité éthique » quand la technique lui a permis non seulement la première fécondation *in vitro* dont Louise Brown est née en 1978, mais aussi la connaissance prédictive de pathologies ? Quels risques prenait l'humanité en produisant un être humain en dehors du corps de la femme, et en ayant à portée de mains des informations sur le statut génétique des hommes ? Depuis,

10. *Ibid.*, n° 70.

la technique n'a cessé de progresser, allant de prouesses en prouesses. Grâce au dialogue récent, notre société a sans doute mieux compris la portée de leurs enjeux éthiques et anthropologiques.

L'urgence de discerner une cohérence éthique

On a parlé d'« anthropotechnie » pour signifier la main mise de la technique qui tend à devenir la mesure de l'homme et de ses désirs. Il est urgent de revenir à une « anthropologie » qui soit une parole (*logos*) réfléchie sur l'homme (*anthropos*) et sa destinée. Seule une telle parole permettra de discerner les voies cohérentes pour l'homme du XXIe siècle. Le dialogue est chemin de discernement.

Par le dialogue sont discernés et énoncés les principes garants de l'humanité, leur cohérence est assurée, et leurs mises en forme juridique sont cherchées et trouvées.

Pour un tel discernement, le questionnement qui ose aller jusqu'au bout des interrogations portées par les uns et les autres, est nécessaire. *Bioéthique. Questions pour un discernement* suggère un questionnement. Il est celui de la raison animée par le respect envers tout être humain. Il s'inspire de rencontres avec des personnes en situation douloureuse et avec leurs accompagnateurs, qu'ils soient présents dans le monde médical ou dans la pastorale de la santé. Il se nourrit de l'expérience vécue avec des personnes handicapées, physiques et mentales, qui, portant le lourd poids de leur handicap, aiment la vie et trouvent leur chemin de bonheur grâce au soutien et à la solidarité de beaucoup.

Ce questionnement se réjouit aussi des avancées scientifiques grâce auxquelles des pathologies sont guéries. Il se souvient des progrès accomplis par l'humanité quand a été enfin reconnu le caractère inviolable de la dignité humaine. Il naît des contradictions rencontrées dans les pratiques biomédicales, et des dilemmes – parfois insolubles – que celles-ci soulèvent.

Comment discerner que certaines techniques, sans doute prodigieuses, sont contraires à la dignité humaine ou en harmonie avec elle ? En mettant à jour une cohérence éthique qui soit entièrement respectueuse à la fois de l'homme dans toutes ses dimensions et de tous les hommes. C'est en s'appuyant rigoureusement sur cette cohérence éthique que les futures lois encadreront les techniques biomédicales. Celles-ci, selon le vœu des « citoyens », seront alors mises en œuvre dans le respect toujours plus affiné de la dignité humaine, en particulier chez les plus vulnérables qui partagent notre belle humanité.

Le discernement doit aussi porter sur l'exercice médical de ces techniques. Or, il est regrettable que ni le Conseil d'État ni les citoyens des États Généraux n'aient évoqué le problème de la liberté de conscience laissée aux personnels soignants. Comme nous l'avions signalé dans *Bioéthique. Propos pour un dialogue*, il nous semble indispensable que notre droit élargisse l'espace de cette liberté fondamentale[11]. Grâce au respect de leur conscience, les professionnels de soin pourraient davantage donner le meilleur d'eux-mêmes dans les pratiques de bioéthique où se mêlent vie humaine et désirs profonds, compétence technique et vraie compassion. Une aide médicale et psychologique serait mieux apportée, en particulier aux plus vulnérables en raison d'une pathologie ou de la peur du handicap et de la maladie. Sans ce respect de la conscience, il est à craindre que, sans bruit, des hommes et

11. Voir *Propos pour un dialogue*, p. 143.

des femmes, pourtant désireux de servir avec compétence professionnelle leurs frères et sœurs souffrants, éprouvent un « malaise » grandissant et s'éloignent d'un « système » de soins où les procédures juridiques seraient mises en œuvre sans conscience. Déjà, des personnels de santé témoignent que la question éthique est un poids trop lourd à porter chaque jour dans leur travail hospitalier et clinique.

Après quinze années de pratique juridique française en matière bioéthique, en se refusant aux précipitations qu'engendrent les pressions de la concurrence, de l'opinion immédiate et des intérêts financiers, le dialogue, avec ses qualités d'honnêteté, de respect, d'écoute et du souci de tous, est un chemin onéreux. En y avançant ensemble et patiemment, la raison éthique de notre société sera à la hauteur de l'humanité de l'homme d'aujourd'hui et de ses enfants de demain. Ceux-ci ont tous le droit d'exister pour eux-mêmes et d'être accueillis avec générosité.

Mgr Pierre d'Ornellas,
Archevêque de Rennes, responsable du groupe de travail

Mgr Henri Brincard
Évêque du Puy

Mgr Gérard Defois
Archevêque émérite de Lille

Mgr Maurice Fréchard
Archevêque émérite d'Auch

Mgr Guy Thomazeau
Archevêque de Montpellier

Mgr Norbert Turini
Évêque de Cahors

I

DIGNITÉ HUMAINE ET LOI CIVILE

Que signifie la primauté de la personne dans notre droit ?

Comment résoudre le conflit entre dignité et liberté individuelle ?

La loi civile a-t-elle une mission civilisatrice ?

L'éthique légitime-t-elle une loi civile nationale ?

La réflexion du Conseil d'État et celle des citoyens font communément apparaître d'emblée que la conception de l'homme est le soubassement de la loi civile en matière bioéthique. De ce constat, il apparaît que la loi n'est pas seulement le reflet de la société ou l'instrument de régulation de ses fonctionnements internes. Elle s'inspire d'un raisonnement éthique traduit en principes juridiques qui ne peuvent varier au gré des innovations techniques ou scientifiques. L'homme d'aujourd'hui comme de demain a en effet le même fondement anthropologique que celui d'hier, quelles que soient les mutations de l'histoire.

Que signifie la primauté de la personne dans notre droit?

«Dans ce domaine du droit, est-il écrit dans l'introduction de l'Étude du Conseil d'État, les choix engagent doublement notre conception de l'homme: en tant que personne humaine, dans sa dignité et sa liberté, et en tant qu'espèce humaine, dans son identité et sa diversité[1].» Le Rapport des États Généraux, lui aussi, fait clairement apparaître «la portée anthropologique» du débat suscité par les techniques biomédicales, et la nécessité de «réfléchir à la conception de l'humain dont la loi se veut l'expression[2]».

---

1. Cf. *Étude*, p. 13.

2. Cf. *Rapport*, p. 10. Voir aussi p. 40: «L'exercice de la médecine, irréductible au simple usage d'une technique, engage toujours une certaine idée de l'homme. La réflexion éthique des citoyens nous rappelle que la médecine moderne et les droits de l'homme procèdent d'une même anthropologie.» Dans la réflexion du CHU de Poitiers, on lit: «la permissivité même encadrée élargit le risque de dérives et fait reculer sans

En effet, ajoute le Rapport, les lois de bioéthique « présupposent la possibilité d'une raison morale irréductible à la rationalité technico-scientifique[3] ». Les lois de bioéthique présupposent donc que l'homme d'aujourd'hui se comprenne lui-même aussi bien dans ce qu'il est comme personne que dans le sens de sa vie en société. Les discussions qui entourent la préparation de la révision des lois de bioéthique attestent la recherche d'un sens inhérent à la vie de tout homme.

L'Étude du Conseil d'État propose au législateur un guide en trois étapes[4]. Elle rappelle d'abord les notions auxquelles l'éthique biomédicale fait appel : « l'intérêt de l'enfant, la protection des plus vulnérables, le refus de l'eugénisme, mais aussi la responsabilité personnelle, le libre arbitre, la liberté de la recherche, le progrès des connaissances médicales. » Cette éthique renvoie à « l'exigence du respect de la vie et de la dignité humaine ». Elle « met en jeu des droits et des principes qui ne sont pas contingents et qui ne peuvent changer au gré de l'évolution des sciences et des techniques ».

---

cesse les bornes du possible et de l'acceptable. Les lois successives dites de bioéthique n'ont pas vocation obligatoire à élargir sans cesse les bornes du permis, comme si un relativisme moral était de mise et évoluerait au gré de la capacité des sciences à faire reculer sans cesse les limites de leur champ d'investigations. Il y a là des enjeux anthropologiques majeurs qui nécessiteraient enfin une réflexion projective sur le projet que l'Homme a sur son Humanité. » In *Rapport-Annexe*, p. 37.

3. *Rapport*, p. 14. Dans l'Encyclique *L'amour dans la vérité*, la même problématique est posée : « Les découvertes scientifiques en ce domaine et les possibilités d'intervention technique semblent tellement avancées qu'elles imposent de choisir entre deux types de rationalité, celle de la raison ouverte à la transcendance et celle d'une raison close dans l'immanence technologique » (n° 74).

4. Voir *Étude*, p. 14.

Passant ensuite à l'ordre juridique, l'Étude du Conseil d'État établit une correspondance entre ces notions éthiques stables et les principes juridiques. Trois d'entre eux sont immédiatement nommés : « indivisibilité du corps et de l'esprit », « inviolabilité et indisponibilité du corps humain », « dignité de la personne humaine ». Ce dernier principe en appelle d'autres : « la primauté de la personne humaine, le respect de l'être humain dès le commencement de sa vie, l'inviolabilité, l'intégrité et la non-patrimonialité du corps humain, ainsi que l'intégrité de l'espèce humaine ».

Enfin, le Conseil d'État met en lumière une difficulté. Il note que la « dignité se définit souvent en référence à ce qui lui est contraire : tout ce qui nie qu'une personne soit un être humain au même titre que les autres, qu'il s'agit de racisme, d'antisémitisme, d'esclavage, de torture, de violences, de mauvais traitements, de l'extrême pauvreté, de l'absence d'éducation pour les enfants ». Ces considérations générales « font consensus », observe le Conseil d'État. « En revanche, ajoute-t-il aussitôt, celui-ci n'est pas réuni lorsqu'il s'agit de justifier des limites à des droits subjectifs. » Ces droits subjectifs sont perçus comme l'expression des libertés individuelles. Or, quelques lignes plus haut, le Conseil d'État avait souligné que l'éthique biomédicale « invite à réfléchir à la légitimité des limites susceptibles d'être apportées à la liberté individuelle ».

Comment résoudre le conflit entre dignité et liberté individuelle ?

Essayons de réfléchir sur les « dilemmes » soulevés par l'opposition entre le « principe de dignité » et le « principe de liberté invoqué contre un principe de dignité trop étroitement entendu ». Est-ce aller contre le principe de liberté quand, au nom du principe de dignité, sont établies des « limites à des droits subjectifs[5] » ?

Les citoyens, quant à eux, estiment que la loi civile ne doit pas entrer simplement dans la logique de l'offre et de la demande[6]. Ils souhaitent que soit assurée « la protection de la liberté individuelle[7] ». Comment entrer dans le débat entre « principe de dignité » et « principe de liberté » ?

Des demandes individuelles et subjectives, formulées au nom de la liberté, peuvent se trouver en contradiction avec le principe de dignité. L'opposition naît quand l'un veut agir selon sa liberté au détriment de la dignité d'autrui, et parfois même d'un bien commun reconnu. Or, le principe de dignité ne regarde pas seulement celui pour lequel on agit, mais aussi celui qui agit. L'opposition entre dignité et liberté disparaît si celui qui agit librement le fait conformément à sa propre dignité. Il est en effet contraire à sa propre dignité personnelle d'agir contre la dignité

---

5. *Étude*, p. 14. La notion de subjectivité est délicate. Le droit est défini par le Code civil et toutes les autres normes juridiques établies. Par exemple, le droit sanctionne l'atteinte à la vie et, plus largement, protège la vie. Il en résulte pour chaque individu un droit subjectif à la vie, qui est lui-même objectif. Il en va autrement quand le droit subjectif procède d'une liberté individuelle en transgressant le droit. Ce droit subjectif peut émaner d'un désir subjectif présenté comme une revendication de la liberté individuelle. Or, la liberté peut être esclave de motifs erronés ou d'idées fausses véhiculées par une opinion dominante ou nées à partir soit d'émotions suscitées par un fait médiatique soit d'une angoisse ou d'une souffrance trop prégnante. Par exemple, il est difficile de parler de liberté dans le cas du suicide. Comment la liberté peut-elle grandir sinon en étant éduquée ? Le dialogue de la raison qui cherche le vrai ouvre à la liberté son véritable chemin. Selon l'évangile de saint Jean, « la vérité rend libre » (*Jn* 8,32). Le droit objectif, dans la mesure où il est le juste reflet d'une notion vraie de la dignité humaine, éduque les droits subjectifs des individus. S'il traduisait une vision erronée de la dignité humaine, il s'exposerait à voir naître des droits dits « subjectifs » qui voudront à juste titre le transgresser.

6. Cf. *Rapport*, p. 43.

7. Cf. *Rapport*, p. 50.

d'autrui, puisque cette action se situe dans une relation qui va d'une personne à une autre personne et non à une chose.

La dignité appartient à l'être humain du fait même qu'il existe. Elle n'est pas un pur concept ou un simple objet de démonstration, elle est une proclamation. Elle ne se prouve pas, elle s'éprouve. Elle n'est reconnue que par celui qui la possède[8]. Elle est affirmation de la valeur « absolue » de l'homme, quel qu'il soit et quelle que soit sa manière de vivre[9]. Elle est intangible, inaliénable ou « indélébile[10] ». Rien ni personne ne peut la supprimer ou la mesurer.

La dignité humaine ne se résume donc pas à une manière sociale de vivre, aussi admirable soit-elle, ni à une vie vertueuse selon les sagesses humaines et qu'une élite morale pratique. Ne plus être capable de vivre selon ce

---

8. Il est intéressant d'observer les progrès faits dans la reconnaissance de la dignité humaine. Pensée d'abord comme une dignité sociale à laquelle tous avaient droit selon la Déclaration des droits de l'homme et du citoyen de 1789, elle devient le socle des droits de l'homme dans la Déclaration universelle de 1948. Si le Code de déontologie médicale de 1955 en appelle à la dignité professionnelle du médecin, celui de 1995 qui la mentionne comme tel une seule fois (art. 24), se réfère à la dignité du malade en trois occasions (art. 2, 10, 38). Elle est devenue un principe constitutionnel en 1994.

9. Voir Jean LEONETTI, *Solidaires devant la fin de vie*, Rapport d'information n°1287, tome 1, Assemblée nationale, décembre 2008, p. 161. La Convention européenne dite d'Oviedo parle de « valeur essentielle ». Cette Convention qui concerne « la protection des droits de l'homme et de la dignité de l'être humain à l'égard des applications de la biologie et de la médecine » stipule sa visée : « protéger l'être humain dans sa dignité et son identité » (art. 1) et rappelle « la primauté de l'être humain sur le seul intérêt de la société ou de la science » (art. 2). Il est précisé dans son rapport explicatif : « La notion de dignité de l'être humain, également soulignée, désigne la valeur essentielle à maintenir. » (art. 9)

10. Cardinal William LEVADA, Congrégation de la Doctrine de la Foi, Instruction *Dignitas personae* (8 septembre 2008), n° 6.

modèle ou selon ces vertus ne fait pas déchoir de la dignité. Celle-ci est ontologique, inhérente à l'être humain.

La dignité est aussi une exigence. Elle sollicite le respect, celui qui donne forme à la liberté. Une liberté qui porte l'homme vers un accomplissement toujours plus profond de son humanité dans le respect de sa dignité. Ainsi, chaque être humain qui opte délibérément pour son propre et vrai bien se conforme à sa dignité. Et parce que l'homme est de façon la plus intime un être social, sa liberté ne peut s'exercer et croître que dans la relation. Opter volontairement pour son bien propre ne peut en vérité s'accommoder d'une action qui blesse délibérément la dignité d'autrui ou sa propre dignité. L'horizon de la liberté est l'altérité, au sein d'une commune dignité. À ce titre, il ne peut être fait de mal à l'autre-soi, quel qu'il soit, sauf à se blesser soi-même.

La liberté s'exerce aussi dans la condition corporelle. Corps et psychisme peuvent être blessés, altérés dans leurs capacités et affectés par la faiblesse que ce soit en raison de la maladie, du handicap ou de la vieillesse. Dès lors, la vulnérabilité qui touche l'homme blessé ne diminue pas sa dignité. « La dignité, soulignent très justement les citoyens, ne décline pas avec nos forces. Ni la maladie ni le handicap n'altèrent notre humanité.[11] » La vulnérabilité n'est en rien une indignité mais un appel : quels chemins la liberté peut-elle emprunter pour assumer pleinement la vulnérabilité ? Comment la solidarité doit-elle s'exercer pour que l'aide offerte soutienne une liberté au service de la dignité, particulièrement dans les situations de dépendances ? « La dignité, c'est d'être remis à la sollicitude les uns des autres et d'être à hauteur de cette tâche éminemment humaine

---

11. *Rapport*, p. 40. Voir *infra* pp. 132-136.

avec toute l'intelligence et la sensibilité que cette responsabilité mutuelle présuppose.[12] »

La loi civile a-t-elle une mission civilisatrice ?

L'homme n'est-il pas appelé à progresser pour agir toujours plus conformément à sa dignité inaliénable dans le respect et la solidarité ? N'est-ce pas dans cette progression qu'il devient de plus en plus libre et exprime de mieux en mieux la dignité humaine qui est sienne et celle d'autrui ? Or, pour progresser, il a besoin d'être éduqué, protégé et civilisé. La loi civile fait œuvre de civilisation en protégeant l'homme contre ses désirs subjectifs non conformes à la dignité humaine : c'est ce qu'a fait le Conseil d'État en s'opposant, comme l'étude le rappelle, aux « lancers de nains ». Elle fait aussi œuvre de civilisation en rappelant à tous l'inviolabilité de la dignité humaine dès le commencement de la vie et jusqu'à la mort naturelle. La loi civile n'a-t-elle pas aussi une mission éducatrice en proposant les moyens d'agir de plus en plus en conformité avec la dignité humaine ? Cette mission civilisatrice et éducatrice ne donne-t-elle pas vocation à la loi d'énoncer clairement qu'agir comme si l'autre ne vaut pas la peine de vivre est une « monstruosité[13] » ?

---

12. Paul VALADIER, « La personne en son indignité », *Un philosophe peut-il croire ?*, Cécile Dufaut, 2005, pp. 71-87, p. 87. Il est étonnant que le Conseil d'État ne fasse mention que du philosophe Emmanuel Kant pour donner poids à la notion de dignité. Dans cet article, Paul Valadier, tout en indiquant la dette que nous devons à Kant, analyse les limites de sa pensée.

13. Cf. Robert SPAEMAN, « Il n'y a pas de bonne façon de tuer », *L'Humain et la personne*, Cerf, 2009, p. 71. Robert Spaeman est philosophe allemand, fils d'une nation où l'article premier de la Loi fondamentale stipule : « La dignité de l'être humain est intangible. »

Nous trouvons dans l'expression des citoyens des éléments d'une telle prise de conscience. En effet, ils attirent l'attention sur la responsabilité solidaire[14] et sur la « diversité de l'espèce humaine qui est, en même temps, un appel à la solidarité[15] ». Responsabilité et solidarité ne sont-elles pas deux réalités constitutives de la dignité humaine ? Cette dignité appartient à tous les êtres humains du fait même qu'ils existent et alors même qu'ils sont différents, notamment, mais pas seulement, par la maladie et le handicap. Dès lors, il est conforme à la dignité humaine d'agir librement et solidairement avec celles et ceux qui partagent la même dignité dans la diversité, en particulier les plus vulnérables.

En revanche, l'action ou la revendication selon les « droits subjectifs » est souvent dénuée de responsabilité et de solidarité envers autrui. En cela, elle n'est pas conforme à la dignité humaine. Les « droits subjectifs » s'émoussent face au respect des droits fondamentaux que chaque être humain possède en vertu de sa dignité humaine et qui appellent solidarité et responsabilité. Dans le domaine de la bioéthique, comme dans d'autres domaines du droit, la loi civile a mission de garantir ces droits fondamentaux par des normes concrètes qui promeuvent la solidarité responsable.

L'éthique légitime-t-elle une loi civile nationale ?

Selon le Rapport des États Généraux, « les citoyens ont clairement placé au cœur de leur réflexion cette question : comment faire en sorte que notre pays soit à la pointe des

---

14. Cf. *Rapport*, p. 47.

15. Cf. *Rapport*, p. 40.

sciences et techniques biomédicales, tout en faisant prévaloir une conception du progrès au service de l'humain, guidée et confortée par des principes éthiques clairement définis ?[16] ». Le Rapport insiste à juste titre sur le primat de la raison éthique pour l'appréciation du progrès. Il en déduit la question jugée « centrale » par les citoyens : « Dès lors, parmi tout ce qui est techniquement possible de faire, qu'est-il raisonnable d'autoriser ? Telle est la question centrale qui a traversé les États Généraux, conformément à l'esprit même des lois de bioéthique qui présupposent bien la possibilité d'une raison morale irréductible à la rationalité technico-scientifique[17]. »

Les citoyens récusent donc le « moins-disant éthique » en estimant que la « France est un pays souverain qui ne doit pas se soumettre à la pression internationale en matière éthique[18] ». Ils rejoignent le Conseil d'État pour qui le « moins-disant éthique » est « un piège redoutable » : « dans quelque domaine que ce soit, les limites imposées à l'effectivité de la loi nationale par l'existence de lois concurrentes dans d'autres pays, de même que les désordres ou les injustices apparentes que cette concurrence implique, appellent certainement une coopération accrue au niveau international, et d'abord au niveau communautaire, mais ne sauraient justifier à eux seuls la mise en cause de la loi nationale. C'est encore plus vrai lorsque celle-ci repose sur des principes fondamentaux ancrés dans la tradition juridique issue de la Déclaration des droits de l'homme[19] ».

---

16. *Rapport*, p. 10.

17. *Rapport*, p. 14. Voir *supra* note 3 à la p. 20.

18. *Rapport*, p. 16. Voir aussi *ibid.*, p. 20 : « l'existence de fait d'un marché procréatif hors de nos frontières ne saurait impliquer un alignement juridique par le bas. »

19. *Étude*, p. 125.

Il semble par ailleurs indispensable aux citoyens d'avoir « une vision d'ensemble » qui permet seule de « rester fidèle à l'esprit du droit, plutôt que d'en trahir la nature en transformant la loi en manuel de bonnes pratiques[20] ». Le Rapport développe un peu plus loin sa réflexion sur la fonction de la loi : « Le droit a-t-il pour fonction de favoriser l'adaptation de l'offre techniquement disponible à la demande ? La vocation ultime du droit n'est-elle pas plutôt d'assurer le respect pérenne des grands principes structurants le droit ? Dès lors, il s'agirait moins de se prononcer sur la légitimité de la demande formulée que d'évaluer les effets de telle ou telle pratique au regard des exigences éthiques incorporées par le droit[21]. »

Dans le Rapport des États Généraux, ce questionnement se croise avec une interrogation sur le sens du progrès. Celui-ci est décrit comme un « idéal commun qui commande à la fois le respect de la dignité humaine et le respect du principe de non-discrimination[22] ». Dans cette perspective, « les citoyens attendent de l'État qu'il soit en mesure de protéger chacun, en particulier les plus vulnérables, contre les dérives mercantiles, les expérimentations et les pratiques qui bafouent le principe d'intégrité du corps humain[23] ». Par conséquent, ils estiment erroné de fonder la loi sur le « primat des finalités non médicales[24] ». Ils pensent au contraire que « la finalité thérapeutique ou palliative apparaît comme une condition d'autorisation nécessaire de l'ensemble des activités bio-

20. *Rapport*, p. 12.

21. *Rapport*, p. 24.

22. *Rapport*, p. 22.

23. *Rapport*, p. 20.

24. *Rapport*, p. 24.

médicales, tandis que le principe de dignité de la personne humaine paraît être le principe éthique structurant des lois de bioéthique[25] ».

25. *Rapport*, p. 28.

II

RECHERCHE SUR L'EMBRYON ET CELLULES SOUCHES

Pourquoi maintenir un interdit avec sa force symbolique ?

L'embryon : « matière vivante » ou corps embryonnaire ?

L'absence de projet parental est-elle un argument ?

Vers la solidarité ou la destruction ?

Que ce soit pour le Conseil d'État ou pour les citoyens des États Généraux, l'embryon humain est considéré comme « une personne humaine potentielle » ; ce statut spécifique, précise le Conseil d'État, « assure le consensus éthique le plus large[1] ». C'est pourquoi le Conseil d'État affirme que « la recherche sur l'embryon humain soulève des oppositions éthiques car elle porte atteinte non à une chose mais, comme on vient de l'indiquer, à une personne humaine potentielle, qui ne saurait donner lieu à instrumentalisation[2] ». Selon le Conseil d'État, les principes éthiques retenus par la loi française depuis 1994 ne doivent pas être remis en cause : « l'embryon étant une vie humaine potentielle et non une chose, il ne peut être traité comme un simple matériau de recherche[3]. » Ainsi, note le Conseil d'État, « l'embryon peut prétendre à la protection particulière qu'impose le statut de personne humaine potentielle[4] ».

---

1. *Étude*, p. 19. Pour sa part, l'Église catholique, en se basant sur des conclusions scientifiques et en se fondant sur l'apport de la réflexion philosophique, estime que l'embryon humain, dès sa conception, a la dignité qui doit être respectée du même respect dont on respecte une personne. Voir à ce sujet *Propos pour un dialogue*, pp. 28-29, note 10.

2. *Étude*, p. 20.

3. *Étude*, p. 27.

4. *Étude*, p. 29. À la page 27, on lit que doit être sauvegardée « la protection de l'embryon comme principe supérieur, au nom du respect dû à toute vie humaine potentielle ». Il est évident que l'expression « vie humaine potentielle » est en elle-même erronée ! En effet, la vie a bel et bien déjà commencé ; elle n'est donc pas potentielle. Et cette vie est bien humaine puisqu'elle est celle de l'embryon humain, qui n'est pas une

Cependant, comme dans son étude de 1999 dont il fait mémoire, le Conseil d'État invoque des «motifs majeurs d'intérêt général» pour déroger au principe de protection due à l'embryon humain: «On ne peut par principe lui porter atteinte que pour des raisons majeures et dûment justifiées.» Des conditions sont édictées: il faut que la recherche soit «susceptible de permettre des progrès thérapeutiques majeurs[5]» et que soit en même temps constatée l'«impossibilité, en l'état actuel des connaissances scientifiques, de mener une recherche identique à l'aide d'autres cellules que des cellules souches embryonnaires humaines[6]». Dans un tel cas, selon le Conseil d'État, l'embryon humain peut être donné à la recherche «pour des fins thérapeutiques bien définies et particulièrement importantes du point de vue collectif[7]».

«chose» mais un être humain. Le Conseil d'État utilise trois fois l'expression «personne humaine potentielle» pour exprimer les devoirs éthiques envers l'embryon humain qui n'est donc pas une chose. Cependant, cette expression est inutilisable par les juristes. En effet, pour les uns, elle signifie la «potentialité» d'une personne, ce qui est une pure éventualité; pour les autres, elle exprime la «personne» potentielle qui possède les attributs de la personne dont le potentiel est appelé à se déployer.

5. *Étude*, p.30. Le Conseil d'État estime que cette expression «n'exclut pas les recherches à visée essentiellement cognitive, pourvu que celles-ci restent à finalité thérapeutique». De fait, si la guérison est la fin voulue, le moyen choisi pour y parvenir est la connaissance. Cela n'empêche pas que la «destruction» – sur laquelle le Conseil d'État semble extrêmement attentif – est le moyen délibérément choisi pour arriver à la fin voulue: chercher sur l'embryon humain, que ce soit pour connaître ou en vue de soigner. En ce sens, il y a «transgression» du principe de respect de l'embryon comme «personne humaine en devenir», selon l'expression employée dans *Rapport* (p.10).

6. *Étude*, p.31.

7. *Ibidem.* Voir à ce sujet l'analyse de Bertrand MATHIEU, *La bioéthique*, coll. Connaissance du droit, Dalloz, 2009, pp.107-108: «La recherche sur l'embryon n'est plus seulement justifiée par l'"effet d'aubaine"

Devant un tel raisonnement, l'intelligence humaine ne se trouve-t-elle pas face à une incohérence ? Bertrand Mathieu, lui, parle d'une « incompatibilité ». D'un côté, l'embryon humain ne peut être traité comme une chose ni un matériau de recherche et sa protection est un « principe

---

que constitue le stock existant d'embryon, mais fondée exclusivement sur des motifs de santé publique et des vertus thérapeutiques pertinentes. L'interdiction, qui maintenait un lien ténu entre l'embryon et le principe de dignité, n'a alors plus de raison d'être. La cohérence du droit exige la mise en conformité du principe et des règles qui en dérivent. La dérogation ne peut se substituer au principe et s'il est exact que la médecine a été souvent le champ de transgressions bénéfiques qui l'ont fait progresser, la transgression n'a jamais été inscrite dans la loi. La loi peut se transgresser, elle ne peut transgresser. En fait, le débat se déplace sur le terrain de l'éthique pour éviter les impasses auxquelles se heurte l'analyse juridique. Dans ce cadre, l'on peut admettre que le respect des droits fondamentaux n'est que l'une des données du problème. Alors d'autres éléments, tenant à des considérations d'ordre scientifique, médical, économique ou financier, doivent être pris en compte et peuvent conduire le cas échéant, dans le cadre d'un bilan bénéfice risque à faire prévaloir ces considérations sur les droits fondamentaux. Cette analyse, transposée sur le plan juridique, s'inscrit dans une vision utilitariste et conduit à admettre l'éventualité de l'instrumentalisation de la vie humaine au service d'intérêts collectifs. » Voir aussi les affirmations que B. Mathieu donnait en conclusion de sa conférence faite au Sénat lors de la journée d'étude du 22 mars 2000 : « Le sacrifice des embryons pour des raisons de santé publique est donc incompatible avec la protection de la dignité qui leur est par ailleurs reconnue… Il faut garder à l'esprit que la cohérence d'un système repose sur des interdits symboliques découlant de principes fondateurs, en l'espèce le principe de dignité humaine… Il est tout à fait possible de défendre une vision utilitariste de l'être humain qui justifie le sacrifice de l'embryon dans l'intérêt de la collectivité. Il convient seulement de reconnaître que ce choix est incompatible avec la reconnaissance d'une quelconque dignité à l'embryon humain. » In « Les droits fondamentaux : les contraintes (?) du droit international et du droit constitutionnel », *La recherche sur l'embryon : qualifications et enjeux, Revue générale de droit médical*, 2000, pp. 215-229, p. 228 et 229.

supérieur[8] » ; de l'autre côté, il est considéré comme une chose en étant instrumentalisé par la recherche. Pour l'intelligence humaine cohérente avec elle-même, la « transgression » du principe demeure, ce que reconnaît clairement le Conseil d'État[9].

---

8. Cf. *Étude*, p. 27. Voir à ce sujet le n° 10 de la Déclaration universelle sur le génome et les droits de l'homme du 11 novembre 1997 de l'UNESCO, qui précise clairement qu'« aucune recherche concernant le génome humain ni ses applications, en particulier dans les domaines de la biologie, de la génétique et de la médecine, ne devrait prévaloir sur le respect des droits de l'homme, des libertés fondamentales et de la dignité humaine des individus ». L'article 15 précise que les États doivent prendre « les mesures appropriées » pour « garantir » que « le libre exercice de la recherche » s'exerce dans « le respect de la dignité humaine ». La Déclaration universelle sur la bioéthique et les droits de l'homme du 19 octobre 2005 rappelle en son article 3 que « les intérêts et le bien-être de l'individu devraient l'emporter sur le seul intérêt de la science ou de la société ». Voir aussi la Convention dite d'Oviedo du Conseil de l'Europe en son article 18 : « Lorsque la recherche sur les embryons *in vitro* est admise par la loi, celle-ci assure une protection adéquate de l'embryon. » Il faut l'interpréter par l'article 15 : « La recherche scientifique dans le domaine de la biologie et de la médecine s'exerce librement sous réserve des dispositions de la présente Convention et des autres dispositions juridiques qui assurent la protection de l'être humain. »

9. Notons que pour justifier cette « transgression » « au plan juridique », le Conseil d'État s'appuie sur la décision n° 94-343/344 DC du 27 juillet 1994 du Conseil Constitutionnel établissant que « le principe de respect de tout être humain dès le commencement de sa vie n'était pas applicable aux embryons fécondés *in vitro* ». Cette décision est évidemment sujette à discussion. Elle est, selon Catherine LABRUSSE-RIOU, une « ruse de l'esprit » qui « détruit » « l'être humain » pensé « en droit » à partir de « la dignité humaine », et elle commente : « À la rupture technique que représente la conception *in vitro*, qui n'est plus le fruit d'une relation interpersonnelle, correspond une rupture épistémologique, les embryons *in vitro* faisant partie d'une autre catégorie juridique que celle des êtres humains ; on ne mesurera que plus tard les effets dévastateurs d'une telle rupture difficilement représentable par le commun des mortels. » In « L'humain en droit : réalité, fiction, utopie ? », *Vers la fin de l'homme ?* De

N'est-il pas incohérent rationnellement d'admettre une transgression, reconnue comme telle, à un principe si fondamental ? Cette incohérence n'invite-t-elle pas au moins à vérifier d'abord que les autres pistes offertes par d'autres cellules, humaines ou animales, ont été au préalable sérieusement explorées ?

Enfin, notons que le Conseil d'État donne un avis négatif au sujet de la création d'embryons en vue de la recherche car « une telle technique autorise une double transgression en permettant la création d'embryons à des fins utilitaires, suivie de leur destruction[10] ». Ceci est sage car cet avis exprime le refus de cette forme la plus radicale de l'instrumentalisation. Mais qu'entend le Conseil d'État par « fin utilitaire » ? Y aurait-il une circonstance qui permettrait de donner des embryons à la recherche sans que cela ait une visée utilitaire ?

Il est difficile de répondre à cette question. En tout cas, la circonstance majeure retenue tant par le Conseil d'État que par les citoyens est l'absence de « projet parental ». C'est ainsi que les citoyens optent pour deux régimes distincts : le « régime d'interdiction » quand existe un projet parental, et le « régime d'autorisation sous conditions » dès lors qu'il n'y a plus de « projet parental ». Le Conseil d'État préconise le même régime d'autorisation sous conditions en précisant que seuls, les « embryons conçus dans le cadre d'une assistance médicale à la procréation mais ne faisant plus l'objet d'un projet parental[11] » peuvent être donnés pour la

---

Boeck, 2006, pp. 168 et 175, note 12. Cette décision procède d'un raisonnement qui, selon Bertrand MATHIEU, « présente plusieurs failles » ; voir « Les droits fondamentaux : les contraintes (?) du droit international et du droit constitutionnel », *art. cit.*, pp. 223-225.

10. *Étude*, p. 32.

11. *Étude*, p. 31.

recherche. Tenant compte du temps nécessaire à la science pour obtenir des résultats, le Conseil d'État plaide pour un « régime permanent et strict d'autorisations accordées sous conditions ».

Pourquoi maintenir un interdit avec sa force symbolique ?

Il est plus cohérent avec l'esprit du droit qui répugne à l'instrumentalisation de l'être humain, de maintenir l'interdiction de la recherche sur l'embryon humain que d'aller vers un régime d'autorisation élargi de manière permanente. En effet, l'interdiction juridique exprime clairement le principe et sa justesse ainsi que sa cohérence avec les autres principes invoqués. Elle éclaire tout citoyen en permettant à chacun de connaître qu'il y a « transgression ». Qui nierait aujourd'hui ce besoin d'être éclairé ? N'a-t-on pas en effet écrit : « L'émotion qui guide aujourd'hui la formation de l'opinion publique porte à ce que les souffrances d'une souris de laboratoire pèsent de plus de poids que les manipulations sur un ensemble apparemment informe de cellules constituant un embryon humain[12] » ?

Dans un système d'interdiction qui maintiendrait une dérogation, il faudrait évaluer avec lucidité en amont les motifs qui conduisent à cette dérogation et, en aval, les difficultés engendrées. Qui réclament ces autorisations de recherche sur l'embryon humain (et sur les cellules souches embryonnaires humaines) ? Pourquoi ? Les motifs sont-ils suffisamment fondés scientifiquement pour braver sciemment l'éthique ? En ont-ils d'ailleurs la possibilité au regard de la dignité humaine ? La science demeure-t-elle humaine en transgressant délibérément le garde-fou éthique reconnu comme tel par la raison ? Une promesse de découverte, d'ailleurs non tenue depuis plusieurs années, est-elle un

---

12. Bertrand MATHIEU, *La bioéthique*, p. 102.

argument scientifique ? Comment établir raisonnablement qu'il y aurait deux sortes d'embryons humains sous le seul aspect de l'existence ou non du projet parental ? En définitive, les autorisations concédées – plutôt que données – ne sont-elles pas à chaque fois l'aveu d'une faiblesse qui ignore ou feint d'ignorer la faille du raisonnement, même si les conditions posées veulent favoriser les recherches sur d'autres cellules qui, elles, ont commencé à faire scientifiquement leurs preuves ?

D'ailleurs, selon le Rapport des États Généraux, les citoyens ont regretté de « n'avoir pas été assez informés de l'existence » des « recherches prometteuses sur les cellules issues du sang de cordon, et les cellules pluripotentes induites ». Ils demandent de « pouvoir disposer d'un bilan comparatif des résultats des différentes applications thérapeutiques ». Ils « attendent des pouvoirs publics qu'ils soutiennent ces recherches qui ouvrent des perspectives thérapeutiques prometteuses et innovantes[13] ».

---

13. Cf. *Rapport*, p. 39. Il s'agit du résultat du forum de Marseille. Dans les contributions déposées sur le Site des États Généraux, « la plupart des contributeurs s'interrogeant sur le statut de l'embryon s'accordent sur l'intérêt des cellules souches adultes et du sang de cordon qui, contrairement aux cellules souches embryonnaires et à l'embryon, ne soulèvent pas de problèmes éthiques et auraient, d'ores et déjà, fait la preuve de leur efficacité », in *Rapport-Annexe*, p.56. Voir à ce sujet la réflexion du CHU de Poitiers qui estime qu'il « conviendrait de stimuler les recherches [sur les cellules adultes reprogrammées et les cellules souches adultes] qui libèrent des préoccupations éthiques liées à l'utilisation de cellules souches embryonnaires », in *Rapport-Annexe*, p.37. Voir aussi *infra* p. 67 note 30. Notons que le Conseil d'État constate que « les alternatives à l'utilisation des cellules embryonnaires par la culture d'autres cellules souches pluripotentes se développent rapidement »; ces avancées sont « prometteuses de l'avis de beaucoup de scientifiques ». In *Étude*, p.26. La réussite des professeurs Yamanaka et Thomson sur la reprogrammation des cellules de souris déjà différenciées en cellules souches indifférenciées, pluripotantes, ayant les qualités des cellules souches embryonnaires (cellules dites iPS)

Bien plus, « les citoyens ont d'emblée souhaité maintenir l'inscription d'un interdit dans la loi[14] », en vertu du principe de « la dignité de la personne humaine en devenir » qui exige la « non instrumentalisation » de l'embryon humain « destiné à naître ». « Aucune transgression » n'est possible face à cet interdit. Les citoyens n'invoquent pas sa « valeur symbolique » ; ils estiment simplement que « l'embryon destiné à naître ne saurait être l'objet de recherches expérimentales sans risquer d'être "instrumentalisé", de devenir objet d'expérimentation ». Le Rapport établit que « ce serait plutôt la relation à l'autre qui déterminerait le devenir humain de l'embryon, c'est-à-dire son inscription dans un projet parental ».

Cela conduit à une question : outre la valeur symbolique « forte » de l'interdit que reconnaît le Conseil d'État[15], l'interdit légal n'a-t-il pas une portée civilisatrice et pratique ? Afin que nul ne l'ignore, il met en effet en œuvre le principe cardinal des lois de bioéthique en particulier et de la loi civile en général : le respect intangible dû à la dignité humaine et la protection du plus vulnérable.

---

n'a-t-elle pas été saluée par *Science Magazine*, en décembre 2008, comme la « percée de l'année » ? Les cellules iPS ne présentent pas de problèmes d'immuno-compatibilité et permettent de modéliser des pathologies. Leur potentiel est tel qu'il se traduit déjà concrètement aujourd'hui : 300 laboratoires dans le monde travaillent sur ces cellules alors que cette découverte n'a que deux ans et de nombreuses équipes qui travaillaient sur les embryons humains les ont abandonnées pour se consacrer aux cellules iPS. Par ailleurs, alors qu'aucun essai clinique n'a pu être tenté à partir des cellules souches embryonnaires, la liste des essais cliniques référencés ayant utilisé les cellules souches adultes et les cellules souches du sang de cordon est conséquente.

14. *Rapport*, p. 35.

15. Cf. *Étude*, p. 29. Il est intéressant de remarquer que, pour le Conseil d'État, l'interdit de la gestation pour autrui a aussi une valeur « symbolique ». Voir *ibid.*, p. 66.

« Il est apparu [aux citoyens], en revanche, que des embryons voués à la destruction en l'absence de projet parental pouvaient être utilisés, sous certaines conditions, à des fins de recherche. » Bien que les « conditions » de l'autorisation de la recherche ne sont pas énumérées, les citoyens attachent de l'importance à l'« avis éthique » qui « ne saurait être, selon eux, affaire de spécialistes ». C'est pourquoi, ils « demandent de pouvoir participer à l'élaboration et à l'évaluation des politiques qui les concernent ».

Avant de discuter la notion de « projet parental » qui apparaît comme déterminante, il convient de s'arrêter un instant sur ce que représente l'embryon humain pour les citoyens quand il est désinvesti d'un tel « projet ».

L'embryon : « matière vivante » ou corps embryonnaire ?

À bien des égards, les citoyens font preuve d'un bon sens remarquable quand ils mettent en avant la valeur éthique. Néanmoins, un point du Rapport est troublant : les citoyens « n'ont pas mis en évidence de principe éthique permettant d'interdire la recherche sur un embryon qui se trouverait voué à la destruction en l'absence de projet parental. » En effet, « ils ont hésité à réclamer la reconnaissance d'un statut de l'embryon en absence de projet parental, conscients des difficultés que pourrait poser un tel statut, au regard de la législation sur l'interruption volontaire de grossesse ». Le Conseil d'État utilise le même argument[16]. Bertrand Mathieu estime que « le débat est perverti » par ce « renvoi abusif à la question de la dépénalisation de l'interruption de grossesse[17] ».

---

16. Cf. *Étude*, p. 19.

17. Cf. Bertrand MATHIEU, *La bioéthique*, p. 102. De son point de vue, il s'agit dans le cas de l'IVG « d'une conciliation entre la liberté personnelle

Pour les citoyens, le principe de non instrumentalisation ne peut être invoqué «pour protéger toute forme de vie “potentiellement humaine”», «dès lors que les conditions ne sont plus réunies pour que cette “potentialité” se développe». Ainsi, selon le Rapport, cette vie n’est qu’une «matière vivante dont le devenir effectif serait rendu impossible». Sans projet parental, elle est sans «relation», nous disent les citoyens. Cette affirmation est éminemment contestable. En effet, de quelle relation parle-t-on quand le lien peut à tout moment disparaître en fonction de la volonté des parents ?

Plutôt que de «matière vivante», n’est-il pas plus pertinent d’utiliser l’expression «corps embryonnaire» établie «sur la base de solides connaissances scientifiques[18]» ?

---

de la mère et la protection de la vie de l’embryon et non d’une utilisation d’un embryon à des fins collectives». Faut-il rappeler que la loi civile sur l’IVG vise intentionnellement et formellement l’état de santé et la détresse psychologique d’une femme ou d’un couple ? Vouloir y pallier a souvent pour conséquence, dans des circonstances présentes qui sont précisées par la loi et le diagnostic médical, la destruction d’un embryon humain, laquelle est dans la très grande majorité des cas vécue comme une épreuve et une souffrance humaines. Il est possible en raison de distinguer la finalité propre d’une autre loi civile, celle relative à la recherche sur l’embryon : clairement, elle vise intentionnellement et formellement la destruction de l’embryon humain pour accomplir la recherche. La protection en droit civil de l’embryon humain, également membre de notre humanité dès sa conception, n’interdit pas la protection en droit civil d’une femme enceinte en détresse. Reste à mettre en place cette protection-ci de telle sorte que soit évitée progressivement la destruction volontaire de l’embryon humain qui demeure la suppression illicite d’une vie humaine.

18. L’expression «corps embryonnaire» est employée dans l’Instruction *Dignitas personae* (8 septembre 2008) : «Le corps d’un être humain, dès les premiers stades de son existence, n’est jamais réductible à l’ensemble de ses cellules. Ce corps embryonnaire se développe progressivement selon un “programme” bien défini et avec une finalité propre qui se manifeste à la naissance de chaque enfant. À ce titre, il est important de rappeler le critère fondamental d’éthique formulé par l’Instruction *Donum*

L'embryon, selon les données scientifiques, est en effet un organisme qui se développe par lui-même selon un principe interne et un programme défini. Le caractère – pour certains – énigmatique de sa constitution, de son statut reconnu ou pas, ne place pas pour autant l'embryon humain dans le monde des choses ni ne le soustrait au champ éthique du respect de sa «qualité[19]». La formule «corps embryonnaire» n'invite-t-elle pas à invoquer le

---

vitae pour juger toutes les questions morales qui concernent les interventions sur l'embryon humain: "Le fruit de la génération humaine dès le premier instant de son existence, c'est-à-dire à partir de la constitution du zygote, exige le respect inconditionnel moralement dû à l'être humain dans sa totalité corporelle et spirituelle. L'être humain doit être respecté et traité comme une personne dès sa conception, et donc dès ce moment, on doit lui reconnaître les droits de la personne, parmi lesquels en premier lieu le droit inviolable de tout être humain innocent à la vie" (I, 1). Cette affirmation, de caractère éthique, est reconnue vraie et conforme à la loi morale naturelle par la raison elle-même; elle devrait être le fondement de tout système juridique (cf. Benoît XVI, Discours à l'O.N.U., le 18 avril 2008). En réalité, elle suppose une vérité de caractère ontologique, en vertu de laquelle ce document avait démontré la continuité du développement de l'être humain, sur la base de solides connaissances scientifiques.» Le Conseil d'État note qu'il n'est pas possible «de pouvoir scientifiquement dater le moment du début de la vie humaine dans le développement de l'embryon», in *Étude*, p. 19. La science reconnaît la continuité dans son développement dès sa conception, si les conditions de sa croissance sont normales ou si elles ne lui sont pas enlevées. L'impossibilité dont parle le Conseil d'État tend à montrer que la vie humaine a commencé dès que l'embryon est conçu.

19. Le Comité Consultatif National d'Éthique dans son Avis n° 67 du 27 janvier 2000 sur l'avant-projet de révision des lois de bioéthique reprend la question de «la nature de l'embryon». Au terme de son exposé, il écrit: «La nature de "processus embryonnaire en cours" témoignerait peut-être de l'énigme qui entoure la nature exacte de l'embryon aux premiers stades de sa vie. Quoi qu'il en soit, et en raison même de cette énigme, le Comité affirme son attachement à l'idée selon laquelle l'embryon humain, doit, dès sa formation, bénéficié du respect lié à sa qualité.»

principe constitutionnel de précaution – qui s'ajoute au « principe supérieur » de protection de l'embryon – pour faire en sorte que, dans le seul cas d'AMP, le nombre d'embryons humains produits soit égal au nombre d'embryons humains transférés ?

Plus spontanément, l'expression « corps embryonnaire » suggère des relations entre lui et d'autres « corps », que ce soit celui personnel de la femme ou, par exemple, celui collectif de personnes, comme le corps du monde médical. Elle inscrit explicitement l'embryon humain dans le monde spécifique de l'humanité où le corps a une originalité irréductible, indisponible. Ne manifeste-t-elle pas aussi d'une certaine manière son statut social ?

L'absence de projet parental est-elle un argument ?

L'absence de projet parental est-elle un motif suffisant pour justifier une différence de traitement de l'embryon humain au point de penser que sa « destruction » est légitime ? La pertinence de cet argument a plus d'une fois été mise en doute[20]. Est-il raisonnable ?

Il est évident que l'embryon humain « ne change pas de nature », comme cela a été clairement affirmé dans le rapport parlementaire du 27 juin 2001[21]. En vérité, l'absence de projet

20. Par exemple, pour la préparation de la loi de 2004, la question fut soulevée clairement : « La valeur et le statut de l'embryon doivent-ils être liés au fait que ce dernier fait l'objet d'un projet parental ? » Question du député Olivier Jardé rapportée par Pierre-Louis FAGNIEZ, *Assemblée nationale*, *Rapport* n° 271, 1er avril 2003. La question revient dans le rapport du 20 juin 2008 du Conseil d'orientation de l'Agence de la biomédecine : « l'absence de projet parental a-t-elle une portée sur le statut ontologique de l'embryon ? » (p. 32).

21. Voir *Propos pour un dialogue*, p. 31, note 14. L'expression est d'Axel Kahn qui, par ailleurs, rejoint le questionnement d'Olivier Jardé, en s'interrogeant ainsi : « comment accepter sereinement que la nature des

parental ne le modifie pas. Ce sont les adultes qui changent en ayant d'abord un projet parental puis en l'abandonnant. L'embryon humain n'est-il pas victime de ce changement extérieur à lui ? N'est-il pas ainsi soumis à la subjectivité de certains, laquelle « entre en contradiction » avec le principe de dignité en vertu duquel il a droit à être protégé ?[22] Une fois l'embryon humain présent, ce n'est pas le projet parental qui le fait exister ni se développer. Certes, la relation est vitale pour qu'il continue sa croissance. N'est-ce pas précisément cette relation qui exige la solidarité ?

Allons plus simplement à l'expression « projet parental ». Que signifie-t-elle ? D'où vient le projet ? Sans doute des parents qui forment un « projet ». Ne risque-t-il pas de devenir un jour un « projet » scientifique ou, plus simplement comme le XXe siècle l'a montré, le « projet » d'une institution qui établirait les critères du « projet » juste par opposition au « projet » injustifié ? Ou encore, le « projet » d'une opinion entretenue à son insu par ce qu'on a appelé « la dictature de l'émotion » ?

Restons-en au projet « parental ». Il est normal que celui-ci soit idéal puisque des parents désirent normalement l'enfant le plus beau qui soit. Cependant, l'enfant est enfermé dans les limites subjectives de ce projet. De plus, ces parents sont rendus vulnérables par le constat douloureux – souvent gardé secret – de la stérilité constatée médicalement pour l'un d'eux. Ne seront-ils pas influencés par une opinion laissant croire que la technique tient sa promesse jugée si extraordinaire ? Sans compter les questions qui risquent d'habiter l'opinion : Pourquoi ces parents n'auraient-ils pas cet enfant

---

êtres ou des choses ne dépende que du bon vouloir de quelqu'un ? », dans *Et l'homme dans tout ça*, Nil éditions, 2000, p. 84.

22. Ce qu'a très bien vu Bertrand Mathieu : « La possibilité pour un être humain d'en disqualifier un autre selon des critères liés à la subjectivité entre en contradiction avec le principe de dignité », in « Les droits fondamentaux... », *art. cit.*, p. 224.

idéal puisque la technique le leur permet ? La médecine ne sera-t-elle pas sommée de réaliser leur « projet » de façon la plus exacte possible ? Qu'adviendra-t-il si l'embryon, le fœtus ou l'enfant n'est pas conforme au « projet » ? Que se passera-t-il si les parents demeurent sans enfants malgré les essais techniques ? La loi, en conséquence, ne recevra-t-elle pas mission de sanctionner ceux qui auront failli dans la réalisation de ce « projet parental » ?

Mais quel contenu juridique précis est-il possible d'assigner à cette expression ? Catherine Labrusse-Riou estime que « cette notion n'a ni forme ni contenu appréciable en droit ; elle ouvre la porte à toutes les utopies au lieu de les contenir et rend difficile à maintenir les limites posées quand même par la loi, par référence à la procréation naturelle. Mais quoiqu'il en soit de ses limites, le "projet parental" consacre juridiquement l'enfant qui en naît en produit du projet donc en chose dont le médecin "producteur" ou "distributeur" peut être tenu pour responsable[23] ».

L'argument juridique du « projet parental » n'est-il pas une construction intellectuelle qui, subrepticement, a ouvert la voie à l'instrumentalisation d'embryons humains en les livrant à une absence absolue de protection ?

Le Conseil d'État rappelle et maintient que tout embryon humain ne peut être produit qu'en vue d'une AMP pour donner naissance à un enfant. N'est-il pas alors contradictoire de permettre la production d'embryons humains en nombre plus important qu'il en sera transféré dans le corps de la femme ? Cela ne revient-il pas à accepter d'emblée que certains puissent finalement être destinés à la recherche ? La cohérence intellectuelle et l'intérêt supérieur de l'enfant n'invitent-ils pas à exiger de la loi que les

---

23. Cf. « L'humain en droit… », *art. cit.*, p. 173. Voir aussi Marie-Angèle Hermitte, « De l'avortement aux procréations artificielles, la toute-puissance du projet parental », *Natures, Sciences, Sociétés* 15, 2007, pp. 274-279.

embryons humains produits en quantité raisonnable soient tous implantés, sans sélection préalable ? Pour éviter l'implantation multiple qui, pour supprimer les dangers dus aux grossesses multiples, conduit à la réduction embryonnaire, ne faut-il pas alors limiter davantage le nombre de fécondation d'ovocytes[24] ? La question est abordée plus loin à propos de la congélation des embryons humains.

Aujourd'hui, parler de la protection et du respect dus à l'embryon humain quand la pratique en condamne sciemment un grand nombre à la destruction parce qu'ils ne seront pas implantés, est illogique. La production d'embryons humains surnuméraires « pose des problèmes graves » auxquels il est impossible d'apporter une solution satisfaisante ni même cohérente[25]. Certaines nations l'ont compris en l'interdisant formellement.

Projet parental ou désir d'enfant ?

Si tout ovocyte fécondé était implanté, la notion de « projet parental » perdrait toute portée pratique puisque le sort de l'embryon ne dépendrait plus d'elle. Il serait alors

24. L'arrêté ministériel du 11 avril 2008, tendant à limiter le nombre d'ovocytes fécondés, manifeste une prise de conscience du problème. Ne faut-il pas aller plus loin ? Cet arrêté parle d'un « nombre raisonnable ». La raison n'invite-t-elle pas à estimer que ce nombre soit non seulement exactement égal aux embryons qui seront implantés, mais aussi le plus proche possible de ce qui s'opère naturellement, à savoir un ou deux embryons ? Voir aussi *infra* le paragraphe intitulé « Comment résoudre les questions éthiques soulevées par la congélation d'embryons humains ? », pp. 88-91 et la note 37, p. 89.

25. Voir l'Avis du Comité Consultatif National d'Éthique n° 18 du 15 décembre 1989 d'où est tirée l'expression « problèmes graves ». Dans le même Avis, le CCNE remarque qu'« aucune des décisions qui peuvent être envisagées n'est jugée satisfaisante par l'ensemble des membres du Comité ». Voir dans le même sens l'Instruction *Dignitas personae* n°19.

possible de revenir à une autre notion plus riche et plus réelle : le désir d'enfant, alors même qu'il se confronte à la stérilité médicalement constatée.

Le désir d'enfant ne s'identifie pas au projet[26]. Le désir est structurant de la liberté et la fait grandir. De la rencontre du féminin et du masculin, émerge le désir d'avoir un enfant mais aussi de donner à l'autre un enfant. Le désir et le don mûrissent ensemble. Et puisqu'il y a don, il est heureux pour chacun des parents de le recevoir. C'est ainsi que désir, don et réception caractérisent le souhait harmonieux d'un couple quand l'homme et la femme qui le composent désirent un enfant. Celui-ci est reçu comme un don. Le désir d'enfant est alors loin d'une envie d'enfant. Il est volonté de donner vie à un être qui, déjà dans l'amour qui lui est porté, a droit d'être lui-même. L'enfant est accueilli. C'est seulement ainsi que chaque membre du couple pourra le donner à l'autre. Le couple désire accueillir un enfant qui, dès lors, n'est plus le simple objet d'un désir, mais le sujet d'un accueil.

Certes, une tentation est inhérente au désir : vouloir posséder l'objet du désir. Nul ne désire parfaitement. Tout désir a sa part d'ambiguïté : les désirs d'enfants sont multiples. Est-il possible de mettre le juste désir d'enfant en termes juridiques ? Il n'est ni un droit à l'enfant rêvé ni le projet idéal d'un enfant à concevoir ou produire. Il ne trouvera son vocabulaire juridique que si celui-ci est conforme au plein respect de la dignité humaine dont l'enfant est pourvu dès son existence sous forme de « corps embryonnaire ».

---

26. Voir Marie-Magdeleine CHATEL, « Le désir escamoté », in *Le magasin des enfants*, éd. François Bourin, 1990, pp. 72-87 ; Françoise DOLTO, *La cause des enfants*, Robert Laffont, 1985, pp. 128-129.

Vers la solidarité ou la destruction ?

La « destruction » d'un embryon humain pose des « questions éthiques », reconnaît le Conseil d'orientation de l'Agence de la biomédecine. Selon le Conseil d'État, ce Conseil de l'Agence de la biomédecine estime que « l'évaluation ne soulève pas les mêmes questions éthiques selon que la destruction est réalisée dans le cadre de la recherche, ou qu'elle a déjà eu lieu et qu'il s'agit de travailler à partir de cellules obtenues après cette destruction[27] ». D'une certaine matière est donc posée la question suivante : qui porte la responsabilité morale de la « transgression » en autorisant la « destruction » de tel embryon humain ?

Le Conseil d'État relève qu'il est actuellement interdit de disposer d'embryons surnuméraires contre « la volonté de la femme et de l'homme qui sont à l'origine de [leur] conception[28] ». Il souhaite le maintien de cette interdiction. Même en présentant cette règle comme la garantie des droits du couple face aux souhaits de la recherche scientifique, le Conseil d'État fait peser sur celui-ci la responsabilité juridique et morale d'une décision d'abandon de leurs embryons pouvant conduire à leur destruction. Les

---

27. *Étude*, p. 29. C'est précisément en raison de cette « destruction initiale » que le Conseil d'État refuse de faire une distinction entre la recherche sur l'embryon humain – qui devrait être davantage protégée – et celle sur les cellules souches embryonnaires humaines. En effet, celle-ci implique une « destruction initiale ». Cf. *ibid.*, p. 30. Le Conseil d'État revient encore sur la « destruction » de l'embryon humain pour essayer de l'éviter dans le cas du DPI, et pour estimer qu'elle n'est pas la destination normale de l'embryon humain. C'est pourquoi il préconise le maintien de la possibilité légale du « don d'embryon » car celle-ci exprime symboliquement que l'embryon humain est destiné à vivre et à se développer pour devenir un enfant. Voir *Étude*, respectivement pp. 43 et 59. Ce dernier point est traité plus bas au paragraphe « Le don d'embryon, une fausse bonne idée ? » Voir *infra* pp. 82-84.

28. *Étude*, p. 27.

modalités de l'expression du consentement le confirment : ce consentement doit être « recueilli par écrit postérieurement à la fin du projet parental, après un délai de réflexion de trois mois, les membres du couple ayant été dûment informés des possibilités d'accueil par un autre couple ou d'arrêt de la conservation des embryons[29] ».

S'il en est ainsi, ne serait-il pas juste d'informer en amont les membres du couple de telle sorte qu'ils sachent que leurs embryons humains, même en dehors du projet parental, ne changent pas de nature, se développeraient si les conditions leur étaient données et deviendraient alors normalement des enfants ? Ne faudrait-il pas les informer également sur les avancées réelles de la recherche scientifique relatives à d'autres sortes de cellules, y compris animales ? L'exacte et complète information est la garantie minimale du respect de la possibilité pour les membres du couple de prendre une décision en connaissance de cause, et la première décision est de choisir ou non l'AMP.

S'ils choisissent l'AMP, seront-ils suffisamment informés pour décider que soient fécondés autant d'ovocytes qu'il sera implanté d'embryons ? De plus, comme le recommande la Haute Autorité de Santé[30], le couple

---

29. *Étude*, p. 32. D'autres propositions ne pourraient-elles pas être laissées ouvertes ? Plaçons-nous dans la situation où les parents ont des embryons congelés et sont mis devant la décision à prendre sans avoir compris en amont de la mise en œuvre de la technique d'AMP à quoi ils s'exposaient en acceptant la congélation de leurs embryons. Ces parents n'auraient-ils pas le droit de demander l'arrêt de la congélation qui, dans les circonstances présentes, aura pour conséquence certaine et non voulue la mort de leurs embryons ? N'auraient-ils pas le droit de les laisser mourir en souhaitant qu'ils ne soient pas « utilisés » ? L'interrogation éthique que soulèvent ces questions pourrait être portée plus paisiblement par le couple.

30. *Évaluation de fécondation in vitro avec micromanipulation (Intracytoplasmic sperm injection [ICSI]). Indications, coût-efficacité et risques pour la descendance*, décembre 2006, p. 140.

pourra-t-il avoir le choix entre le transfert simple et le transfert multiple d'embryons, lequel suscite des grossesses multiples avec leurs risques ?

Aujourd'hui, la majorité des couples sont mal informés. Beaucoup sont en grande souffrance lorsqu'ils reçoivent la lettre les invitant à décider du sort de leurs embryons restants. S'ils choisissent la fécondation de plusieurs ovocytes sans que tous soient implantés, ils doivent le faire en sachant qu'une fois la technique accomplie, ils seront seuls à porter le poids de la décision lourde de conséquences, y compris pour eux : les laisser détruire ou non. N'ont-ils pas besoin d'être accompagnés pour que leur choix soit libre et éclairé ? Comment encadrer cet accompagnement de telle sorte qu'ils ne subissent aucune pression due aux espoirs thérapeutiques prématurés ou aux besoins scientifiques présentés comme incontournables ? Comment éviter qu'ils se sentent coupables de différer ou d'empêcher la découverte de thérapies du fait de leur refus de donner leur embryon à la recherche ? En amont de cas de conscience insolubles pour ces couples, l'information devrait être neutre et ne pas présenter la technique d'AMP comme le seul remède à leur espoir d'enfant[31].

Désirer un enfant est noble. Ce désir n'est juste que s'il est vécu dans le respect de l'enfant à venir, reçu et accueilli comme un don. Servir ce désir demeure la tâche de la médecine quand il est confronté à l'épreuve de la stérilité. C'est pourquoi, comme cela est déjà dit dans *Bioéthique. Propos pour le dialogue*, la recherche sur les causes de la stérilité et sur leur éventuelle guérison doit être encouragée.

Le projet parental n'est-il pas, malgré les apparences, le reflet d'une société individualiste manquant de maturité ? En promouvant l'AMP, la société n'est-elle pas davantage

31. Des informations pourraient être données sur la possibilité de « vitrification » des ovocytes qui évite la congélation d'embryons.

sensible aux désirs – certes légitimes – de couples souffrants d'infertilité que des droits de l'enfant ? Et pourtant, une société adulte n'atteste-t-elle pas sa juste maturité quand elle se sent responsable de la génération qui vient, et quand elle s'oblige à ajuster ses propres désirs au bien des enfants qui ont le droit d'exister pour eux-mêmes ?

Chaque être humain existe en effet pour lui-même. Quelle que soit l'attitude des adultes à son égard, l'embryon humain existe indépendamment du regard d'autrui ou du projet de ses parents, comme un être personnel et unique. Donné à l'humanité, il est une source irremplaçable d'enrichissement pour elle. Dès ses premiers jours, il atteste qu'il existe par lui-même. C'est lui qui s'implantera sur l'utérus de la mère et non elle qui le prendra malgré lui. La mère le reçoit, sans le rejeter comme elle le ferait pour un corps étranger, et lui devient solidaire en lui fournissant ce dont il a besoin pour vivre[32].

Ainsi, ce n'est pas la mère qui fait l'enfant mais l'enfant qui se fait dans le sein de sa mère. Il est un don pour elle, ainsi que pour l'humanité. Le croyant sait que chaque être humain entre dans le dessein de Dieu, quelle que soit la manière dont il est venu à l'existence. Ce nouvel être humain a vocation à être aimé. Il est juste et sage que les hommes sachent collaborer librement à ce dessein d'amour en cherchant à le découvrir et à y correspondre. Cependant, leur passion ou leur violence – souvent inconscientes – n'empêchent pas que l'embryon humain existe pour lui-même au regard de Dieu. Ne pourrait-il pas, aux yeux de la société aussi, exister pour lui-même avec son intangible dignité et sa promesse pour l'humanité ?

---

32. Voir à ce sujet Natalia LOPEZ MORATALLA, « Quel est l'apport de la science dans l'affirmation du caractère personnel de l'embryon ? », *L'embryon. Problèmes de bioéthique : le statut ontologique et éthique de l'embryon.* Actes du colloque tenu à l'Institut Catholique de Rennes le 25 novembre 2008, pp. 103-121.

III

PRÉLÈVEMENTS ET GREFFES D'ORGANES, DE TISSUS ET DE CELLULES

Comment développer la culture du don et de la gratuité ?

Comment protéger la liberté du don entre personnes vivantes ?

Respecter ensemble la liberté du consentement du défunt et la volonté des familles ?

En cas d'arrêt cardiaque, comment garantir une réanimation adaptée ?

Comment prélever et conserver des cellules souches du sang ?

Pour entrer de façon juste dans la réflexion sur les prélèvements d'organes, de tissus et de cellules, la perspective est celle du corps humain. En effet, tout prélèvement implique une atteinte à son intégrité, laquelle est garantie par le Code civil[1]. Dans le cas du prélèvement en vue d'une greffe, c'est pour le seul motif de l'intérêt thérapeutique d'autrui que cette atteinte est autorisée. Celle-ci ne peut être réalisée que dans le strict respect de la liberté de la personne qui donne un élément de son corps. Dans ce respect, le corps « qui réclame l'intérêt renouvelé des juristes ne peut être compris que comme le lieu où se déploient de nouvelles formes de rencontre interpersonnelle[2] ».

C'est la solidarité voulue librement entre deux personnes qui donne leur sens au prélèvement et à la greffe. Ils ne contredisent pas l'unité du corps et de l'esprit de la personne humaine. Certes, le corps est indisponible en raison de cette unité et de l'indisponibilité de l'état des personnes, comme cela est évoqué plus loin au chapitre V. Cependant, certains de ses éléments peuvent être « donnés » dans la mesure où une certaine séparation est établie par la personne elle-même entre elle-même et tel organe, tissu ou cellule de son propre corps[3], en vertu de sa liberté et de

---

1. Code civil, art. 16-3 : « Il ne peut être porté atteinte à l'intégrité du corps humain qu'en cas de nécessité médicale pour la personne ou à titre exceptionnel dans l'intérêt thérapeutique d'autrui. »

2. Francesco D'AGOSTINO, art. « intégrité », *Dictionnaire du corps*, PUF, 2007, p. 503.

3. Ici, nous ne traitons pas du cas très particulier des gamètes car ces cellules germinales n'engagent pas seulement le donneur et le receveur mais aussi la personne issue de ces cellules. Voir à ce sujet *infra*, le chapitre IV . Voir aussi *Propos pour un dialogue*, p. 75, note 9.

sa solidarité. Cette séparation est d'abord intentionnelle. Le droit doit encadrer strictement ce don, pour assurer, autant que faire ce peut, la rectitude de l'intention et pour que cette séparation devienne effective « à titre exceptionnel ». C'est pourquoi la cinquième partie de l'étude du Conseil d'État porte sur le prélèvement et la greffe d'organes, tissus et cellules. Le Rapport des États Généraux en traite à partir des conclusions du forum de Strasbourg en apportant des précisions intéressantes.

Comment développer la culture du don et de la gratuité ?

La médecine de transplantation, précise le Conseil d'État est « fondée, depuis l'origine, sur la notion de don ». Un tel choix comporte « l'exigence de recueillir le consentement du donneur[4] », qui doit être libre et éclairé.

Le Conseil d'État met en garde contre toute « dérive marchande » et souhaite que « le don ne s'accompagne d'aucune contrepartie ni financière ni en nature[5] ». De même, les citoyens « restent unanimement attachés au principe de gratuité et d'anonymat[6] ». Ils estiment que « la marchandisation du corps ou de ses éléments (…) serait perçue comme une régression, comme une atteinte portée à la dignité des personnes, et non comme un progrès de la liberté[7] ».

4. *Étude*, p. 91.

5. *Étude*, p. 93.

6. Cf. *Rapport*, p. 48.

7. *Rapport*, p. 19. Déjà, le 13 décembre 1990 dans son Avis n° 21, le Comité Consultatif National d'Éthique a fermement rappelé le principe de non-commercialisation du corps humain qui « n'est pas une chose » : « Nous estimons que doit être prohibé le commerce par l'individu du fœtus, de l'embryon, de gamètes, de tissus, de cellules. Nous donnons

Les difficultés liées à la pénurie d'organes ne sont ignorées ni par le Conseil d'État ni pas les citoyens. Le Conseil d'État en prend acte, mais il ne propose pas de bousculer pour cette raison la législation actuelle, ni d'édulcorer les principes éthiques retenus. Quant aux citoyens, ils veulent une loi « plus humaine » qui bannisse toute « logique utilitariste et quantativiste ». Ils n'ont pas retenu l'argument du « risque de pénurie d'organes » mais ont préféré parier sur la qualité du don : un « geste solidaire » ne peut être qu'« un geste volontaire ». C'est d'ailleurs pourquoi ils ont manifesté leur réprobation du consentement présumé. En considérant que « solidarité » et « responsabilité » devaient « se renforcer l'une l'autre », les citoyens souhaitent une communication « de nature à favoriser une prise de conscience collective[8] ».

Tout cela appelle une loi civile qui continue de protéger et de promouvoir la qualité du don que fait une personne humaine quand elle donne un élément de son corps. Certes, le prélèvement est une atteinte à l'intégrité du corps humain. Mais, « pleinement consentie et entourée

---

ainsi l'interprétation la plus extensive possible à la notion de dignité du corps humain. L'utilisation acceptée par atteinte, si faible soit-elle, à l'intégrité corporelle ne saurait s'accommoder d'autres finalités que celles de la santé. ».

8. Cf. *Rapport*, p. 47. Benoît XVI, quant à lui, estime qu'« une médecine des greffes correspondant à une éthique du don exige de la part de tous l'engagement d'investir chaque effort possible dans la formation et l'information, afin de sensibiliser toujours davantage les consciences à une problématique qui concerne directement la vie de nombreuses personnes. Il sera nécessaire, cependant, de fuir les préjugés et les malentendus, de dissiper les méfiances et les peurs pour les remplacer par des certitudes et des garanties, de manière à permettre le développement chez tous d'une conscience toujours plus étendue du grand don de la vie », discours du 7 novembre 2008 à l'Académie Pontificale pour la Vie en clôture du Congrès international sur le thème du don d'organes.

de précautions suffisantes, cette mutilation peut acquérir la valeur d'un don généreux, et devenir "une manifestation de généreuse solidarité", "une forme particulière de témoignage de la charité". Encore faut-il que ces précautions soient respectées et que le consentement reste libre[9].»

La solidarité vécue dans la médecine de la transplantation, avec ses valeurs de générosité et de gratuité, n'exprime-t-elle pas l'amour qui va d'une personne à une autre personne ? Dès lors, se pose la question de savoir comment cet amour est-il préservé et promu dans la médecine du prélèvement et de la greffe. De quelle manière la compétence médicale, qui est indispensable et qui ne peut que progresser grâce à la recherche scientifique, se met-elle non seulement au service du malade qui a un besoin – parfois urgent – d'un greffon, mais aussi au service de la relation entre le donneur et le receveur, animée par l'amour ? Que faire alors pour que la valeur de l'amour, dans le cadre de la médecine des greffes, soit assez reconnue par la société afin que les dons augmentent et que la « logique utilitariste » ne prévale pas ?

À cet égard, Benoît XVI, évoquant « la grande conquête de la science médicale » que constituent les greffes de tissus et d'organes, précise : « L'acte d'amour qui s'exprime par le don de ses organes demeure un témoignage authentique de charité qui sait regarder au-delà de la mort pour que la vie gagne toujours. Celui qui le reçoit devrait être bien conscient de la valeur de ce geste ; il est le destinataire d'un don qui va au-delà du bénéfice thérapeutique. Ce qu'il reçoit, en effet, avant même d'être un organe est un témoignage d'amour qui doit susciter une réponse tout

---

9. *Propos pour un dialogue*, p. 42, qui cite respectivement les discours du 20 juin 1991 de Jean-Paul II et du 7 novembre 2008 de Benoît XVI.

aussi généreuse, afin de développer la culture du don et de la gratuité.[10] »

Comment protéger la liberté du don entre personnes vivantes ?

Le Conseil d'État ne recommande pas un nouvel élargissement du cercle de donneurs vivants, au-delà de ce qui a été réalisé par la loi de 2004. Il considère que les possibilités d'élargissement supplémentaires, théoriquement concevables, comportent un « risque de pression familiale » (puisque le principe d'anonymat n'a pas cours en matière de don d'organe entre vivants) ou un « risque de dérive financière », toutes les deux attentatoires à la liberté indispensable du don[11]. Il est en particulier défavorable à la pratique des « dons croisés », qui « n'exclut pas le risque de pression familiale, un membre de la famille non compatible avec le receveur pouvant se voir demander d'être donneur à l'égard d'un tiers en vue d'obtenir un don en retour[12] ». Par contre, selon le Rapport des États Généraux, les citoyens sont favorables, selon une « évolution encadrée », à l'élargis-

10. Benoît XVI, discours du 7 novembre 2008. Dans son encyclique *Dieu est amour* (25 décembre 2005), Benoît XVI écrit : « La compétence professionnelle est une des premières nécessités fondamentales, mais à elle seule, elle ne peut suffire. En réalité, il s'agit d'êtres humains, et les êtres humains ont toujours besoin de quelque chose de plus que de soins techniquement corrects. Ils ont besoin d'humanité. Ils ont besoin de l'attention du cœur. » (n° 31a) Et encore : « L'amour est gratuit. Il ne peut pas être utilisé à d'autres fins » (n° 31c) ; « L'action concrète demeure insuffisante si, en elle, l'amour pour l'homme n'est pas perceptible » (n° 34). De fait, l'acte médical qui réalise le prélèvement puis la greffe peut être lui-même habité d'humanité et de cœur. Mais il a aussi à laisser apparaître « l'amour » qui préside au don d'organes et qui a animé le donneur.

11. *Étude*, p. 93.

12. *Étude*, p. 93.

sement du cercle des donneurs, ainsi qu'à « la pratique des dons croisés[13] ».

L'avis du Conseil d'État paraît plus sage que celui des citoyens, en particulier pour les dons croisés. Cette pratique permet un don croisé entre deux couples donneurs-receveurs lorsque, en raison d'une incompatibilité du groupe sanguin ou pour des raisons immunologiques, le don n'est pas possible au sein de chaque couple. Elle nécessite des garde-fous stricts car elle soulève de nombreuses questions éthiques, notamment celle de l'utilisation d'une tierce personne à l'intérieur d'un don.

Il semble juste de préserver au maximum la liberté et le désintéressement du don entre personnes vivantes. C'est pourquoi le don croisé ne paraît pas souhaitable. Nul encadrement juridique n'empêchera totalement l'immixtion de pressions affectives familiales ou autres. Est-ce d'ailleurs la vocation de la loi civile d'interdire à ce point l'influence de l'affection ? Mieux vaut donc, semble-t-il, ne pas entrer dans la voie de l'élargissement du cercle de donneurs vivants.

Le Conseil d'État aborde les questions d'un « défraiement équitable » des frais réellement encourus ou des pertes de revenus entraînées directement par le prélèvement. Il traite aussi de l'indemnisation des « aléas thérapeutiques » du prélèvement et des accidents graves de santé qui pourraient survenir du fait de cet acte chirurgical[14].

---

13. Cf. *Rapport*, p. 48. Pour l'élargissement du cercle des donneurs, le Rapport précise que les citoyens y sont favorables « à l'unanimité moins une ».

14. Voir *Étude*, p. 94. Le Conseil d'État rappelle que, selon la loi actuelle, l'acte de don d'organe à visée thérapeutique est assimilé à un « acte de soin ». C'est pourquoi, « il n'est pas douteux qu'un donneur vivant victime d'un aléa thérapeutique lors de l'opération de prélèvement peut bénéficier d'une réparation ». Ces questions, non abordées dans *Bioéthique. Propos pour un dialogue* mais pleinement compatible avec ce

Le défraiement est une bonne chose s'il est équitable et objectif. En aucun cas, il ne doit donner l'impression du dédommagement du don qui doit demeurer un acte libre, désintéressé et solidaire. Quant à l'indemnisation des aléas thérapeutiques, elle semble à première vue raisonnable. Mais comment l'établir avec équité ? Sera-t-elle toujours à la hauteur du dommage ? Comment éviter qu'elle ne donne lieu à une surenchère de revendications ?

Respecter ensemble la liberté du consentement du défunt et la volonté des familles ?

Le prélèvement sur personne décédée « soulève deux interrogations », juge le Conseil d'État. « La première interrogation porte sur le recueil du consentement. » La législation française actuelle prévoit que le prélèvement d'organes « peut être pratiqué dès lors que la personne (décédée) n'a pas fait connaître, de son vivant, son refus d'un tel prélèvement ». Ce refus peut être exprimé par tout moyen. Faute d'avoir connaissance de la volonté du défunt, la loi impose au médecin, rappelle le Conseil d'État, de « s'efforcer de recueillir auprès des proches l'opposition au don d'organes éventuellement exprimée de son vivant par le défunt ».

Les équipes de coordination hospitalières savent l'importance de l'écoute et du dialogue avec la famille du donneur potentiel. Elles ont à recueillir l'information sur la non opposition présumée du défunt tout en respectant le travail de deuil de sa famille. Face à des situations de grandes souffrances ou de conflits violents au sein de la

---

qui y est écrit, sont par contre traitées dans deux avis récents du Groupe de réflexion bioéthique du Secrétariat de la Commission des Épiscopats de la Communauté Européenne : « Aspects éthiques des dons d'organes » du 11 octobre 2007, et « la non-commercialisation des éléments du corps humain » des 6-7 octobre 2008.

famille, les équipes sont-elles suffisamment formées à l'entretien avec les proches de la personne défunte ? « Dans les faits, note le Conseil d'État, la pratique des équipes médicales revient davantage à rechercher le consentement des proches. » En effet, la possibilité de consigner les refus des dons est méconnue par le grand public. Or, le Conseil d'État reconnaît qu'« il est certainement difficile pour un médecin, directement confronté à la souffrance de proches devant donner une indication dans de très brefs délais, de passer outre leur refus et de mettre totalement en œuvre la présomption de consentement prévu par la loi[15] ». Les Évêques de France pensent qu'il serait « inhumain » de passer outre l'opposition des proches[16].

Adoptant une position de sagesse et d'humanité, le Conseil d'État déduit logiquement de cette difficulté que « l'information des familles, pour que les positions de chacun soient débattues et connues et qu'elles ne soient ainsi pas confrontées au choix lors du moment le plus difficile[17] », est le moyen le plus approprié pour faciliter le moment venu une acceptation des prélèvements. Le Conseil d'État ne recommande donc pas la modification de la loi, ni une forme d'appropriation collective des corps après la mort. Il suggère, sans en tirer de conclusions pratiques, que " la loi pourrait tout de même affirmer davantage que le don *post-mortem* est un "devoir envers autrui "[18] ».

---

15. *Étude*, p. 95.

16. Le Conseil Permanent de la Conférence des Évêques de France déclara en 1993 : « Il serait inhumain de procéder à des prélèvements en cas d'opposition, d'expression d'une profonde répugnance ou d'intense désarroi de la famille, ou à son insu. » *La Documentation catholique*, n° 2082 du 21 novembre 1993.

17. *Étude*, p. 95.

18. *Étude*, p. 95.

Le don ne peut jamais devenir une obligation ni un dû. C'est pourquoi la notion de « devoir » – fut-il de solidarité – est à manier avec précaution. L'affirmation légale du « devoir envers autrui » ne tendrait-elle pas à rendre le prélèvement obligatoire ? Le corps ne subirait-il pas dans ce cas une appropriation collective ? Le corps mort est à respecter dans ses liens avec les membres de la famille du défunt. C'est pourquoi l'insistance du Conseil d'État sur l'information et le dialogue en famille sont à encourager. Dès 1996, les Évêques déclaraient : « Nous vous invitons instamment à cette réflexion personnelle et à ces échanges en famille à l'intérieur des communautés, paroissiales et autres[19]. »

La position des citoyens est plus ambitieuse. Elle part d'un autre point de vue. Leur avis est « essentiellement motivé par le souci de faire respecter la volonté de la personne qui se serait prononcée de son vivant[20] ». Or, l'exigence du don libre et gratuit est-elle respectée si le consentement d'une personne décédée n'est qu'indirectement établi par la seule vérification qu'elle n'a pas exprimé d'opposition au don de son vivant ? La question est pertinente. Il faudrait au moins vérifier que la personne décédée a clairement été informée qu'elle pouvait donner un de ses organes. Son absence d'opposition serait déjà plus consistante même si, aux yeux des citoyens, cela demeure insuffisant.

Selon le Rapport des États Généraux, « à l'unanimité, les citoyens se sont accordés sur la nécessité de faire évoluer le système actuel, reposant sur le régime du consentement

---

19. Déclaration du 26 janvier 1996, de la Commission sociale de la Conférence des Évêques de France, *La Documentation catholique*, n° 2134 du 17 mars 1996.

20. *Rapport*, p. 47.

présumé». Ils «ont estimé qu'un don solidaire devait être l'effet d'un choix assumé». Ils ont donc souhaité «que la volonté du donneur d'être ou non prélevé à sa mort puisse trouver l'occasion de s'exprimer. Ils préconisent donc, en ce sens, l'établissement d'un registre du choix» tout en soulignant que, en vertu de la liberté qui suppose la possible réversibilité du choix, «l'inscription sur le registre du choix ne saurait constituer une obligation[21]». Quelles seraient les précautions à mettre en place pour qu'un tel registre apporte une aide aux familles voulant connaître et faire valoir la position du défunt, sans que soit aussi ignoré leur légitime point de vue qui ne coïncide pas forcément avec la volonté du défunt ?

Il est vrai, estime le pape Benoît XVI, que «le consentement informé est une condition préalable de la liberté, pour que la greffe ait la caractéristique d'un don et ne soit interprétée comme un acte contraint ou comme une exploitation[22]». L'information de tous les membres de la famille, bien avant que le décès advienne, de telle sorte qu'ils puissent en discuter ensemble, est certainement à privilégier.

Les citoyens rejoignent cependant l'avis du Conseil d'État pour juger nécessaire une action auprès des familles. Selon le Rapport des États Généraux, «dans l'hypothèse où la personne décédée n'aurait pas exprimé sa volonté sur un registre de choix, en raison par exemple de son indécision, les citoyens demandent qu'une concertation entre le corps médical et les proches du défunt soit rendue obliga-

21. *Rapport*, p. 46. Voir à ce sujet l'opinion du CHU de Poitiers qui estime que l'inscription sur un registre fera baisser le nombre de dons, ainsi que celle du CHU de Dijon qui va dans le même sens, in *Rapport-Annexe*, respectivement pp. 35 et 79.

22. BENOÎT XVI, discours du 7 novembre 2008.

toire[23] ». Connaissant le remarquable travail accompli par des équipes de coordination hospitalières, les Évêques de France avaient noté l'importance du recrutement et de la formation de personnels hospitaliers « chargés notamment d'instaurer une relation confiante avec les familles[24] ».

En cas d'arrêt cardiaque, comment garantir une réanimation adaptée ?

« La seconde interrogation a trait à la définition de la mort », écrit le Conseil d'État. (Il vaudrait mieux dire « aux règles portant sur le constat de la mort »). Cette interrogation paraît la plus préoccupante.

En cas de « mort encéphalique » et de poursuite de l'assistance respiratoire et circulatoire pour que les organes ne se détériorent pas, il y a déjà un grand décalage entre ce que perçoivent les proches du défunt et la réalité : « Il n'est pas toujours facile, pour des médecins qui doivent travailler dans l'urgence pour que la transplantation soit possible, d'expliquer cette réalité à la famille[25] ». Malgré cette difficulté, et un taux important de refus des familles, le nombre de prélèvements effectués a beaucoup augmenté depuis une douzaine d'années.

Le prélèvement sur des personnes en « arrêt cardiaque et respiratoire persistant » (« arrêt cardiaque réfractaire », selon les termes du Conseil d'État) « pose des difficultés particulières » car, « dès lors que le seul arrêt cardiaque ne permet pas de caractériser la mort, comment et à quelles conditions s'assurer que la personne est bien décédée[26] ? » Les règles qui régissent actuellement ce constat semblent insuffisan-

---

23. *Rapport*, p. 47.
24. *Propos pour un dialogue*, p. 46.
25. *Étude*, p. 96.
26. *Étude*, p. 96.

tes au Conseil d'État. La nécessité du prélèvement d'organes ne risque-t-elle pas de conduire la médecine à priver les personnes ayant subi un arrêt cardiaque de moyens de réanimation qui pourraient restaurer leur fonction cardiaque ? Elles ont pourtant droit aux efforts proportionnés que la médecine peut faire pour tenter la réanimation. La prise de conscience dans la société de cette possible dérive n'engendrerait-elle pas un manque de confiance dans le corps médical, alors que cette « confiance dans l'éthique du système de greffe est essentielle à la bonne marche de cette activité[27] » ?

Le Conseil d'État note que « la principale garantie éthique reste la séparation, prévue par la loi et qui doit être strictement respectée, entre l'équipe de soins qui constate le décès et l'équipe de prélèvement[28] ». Pour empêcher toute dérive, il demande avec sagesse que trois directives supplémentaires soient « définies par voie de décret et d'arrêté ministériel[29] » (et pas seulement dans des protocoles élaborés par l'Agence de la Biomédecine).

Le souci du Conseil d'État mérite de retenir l'attention. Devant la pénurie des greffons, il est effectivement dangereux de céder à la tentation d'en prélever sans respecter la dignité de la personne en mort cérébrale. Son corps ne peut devenir un bien social dont les médecins pourraient user pour soigner autrui. C'est à travers ce corps mort que les membres de la famille du défunt et, plus largement, les

---

27. *Étude*, p. 97. Voir aussi l'avis de la SRLF sur le sujet : www.srlf.org commission d'éthique.

28. *Étude*, p. 97.

29. Ces trois directives visent à mieux : 1 - encadrer les conditions d'arrêt de la réanimation, 2 - interdire le prélèvement sur les personnes en fin de vie pour lesquelles un arrêt de soins est décidé, 3 - préciser les critères selon lesquels l'assistance circulatoire thérapeutique (ACT) ou circulation extra-corporelle est décidée ou non. Voir *Étude*, pp. 97-98.

personnes qui lui sont liées, expriment leur respect pour le défunt et son histoire. Ces personnes ont le droit de voir respectée l'intégrité de ce corps.

La générosité du don ne demeure-t-elle pas en définitive la qualité à promouvoir par une information appropriée ? Cette générosité appelle liberté, dialogue et solidarité. Elle sera d'autant plus vive que la technique de soin par le prélèvement et par la greffe respectera cette liberté, ce dialogue et cette solidarité. Alors la confiance sera au rendez-vous pour que la médecine de la transplantation accomplisse son beau service de l'humanité.

Comment prélever et conserver des cellules souches du sang ?

Le Conseil d'État aborde longuement les questions posées par la conservation de cellules souches du sang, prélevées dans la moelle osseuse, dans le sang ou, à la naissance, sur le cordon ombilical[30].

La France hésite jusqu'à présent à autoriser la création de banques autres que publiques pour conserver les cellules souches du sang de cordon, qui seraient destinées à satisfaire les besoins des familles ayant déposé à leur usage propre de telles cellules. Cela s'explique notamment par le fait que la probabilité qu'une personne ait besoin de son propre sang placentaire avant l'âge de 20 ans est très faible. La conservation autologue (au service de l'enfant et de sa famille) contredit le principe fondamental de non-patrimonialité du corps et de ses éléments. De plus, la conser-

---

30. Il faut noter que le groupe hospitalier sud de la Réunion estime qu'il « paraît éthiquement et économiquement indispensable de développer les banques de sang de cordon… et en parallèle les recherches sur l'utilisation de ce sang et de ces cellules souches », in *Rapport-Annexe*, p. 48.

vation autologue va à l'encontre du principe d'égalité entre les citoyens. En effet, la conservation de ces cellules a un coût ; la conservation au seul bénéfice de la famille dépositaire introduirait donc une inégalité en matière de santé.

Dans les banques publiques, les dépôts sont anonymes et gratuits, et les cellules sont destinées au soin de l'ensemble des malades qui en ont besoin. C'est pourquoi ces banques ne suscitent pas les réserves qui sont spécifiques aux banques privées. Pourtant, elles se développent très lentement en France, à la différence des banques étrangères, privées ou mixtes (à la fois publiques et privées)[31]. Or, le recours à ce type de cellules est du plus vif intérêt : un greffon de sang de cordon compatible est plus facile à trouver que d'autres greffons, notamment parce que l'exigence de compatibilité HLA est moindre que pour un autre greffon. De plus, ces greffes ne provoquent pas plus de complications immunologiques post-greffe et les résultats obtenus en termes de survie globale et de survie sans maladie des patients greffés sont superposables à ceux qui sont obtenus avec d'autres sources de cellules. Enfin, l'obtention de ces cellules est sans risque pour le donneur : en effet, le sang est prélevé après que le cordon ait été coupé. Le Conseil d'État semble accepter la création de banques mixtes à condition que prévale toujours le « principe éthique de solidarité », et que « l'utilisation allogénique de chaque greffon ait en cas de besoin la priorité sur l'utilisation autologue[32] ».

---

31. Voir le rapport de Marie-Thérèse HERMANGE, *Le sang de cordon : collecter pour chercher, soigner et guérir*, Sénat, novembre 2008. Voir aussi dans ce sens la proposition de loi n° 1938 de M. Damien Meslot du 29 septembre 2009.

32. Cf. *Étude*, p. 100.

Dans leur livre *Bioéthique. Propos pour un dialogue*, les Évêques ont rappelé les exigences générales de justice et d'efficacité à concilier dans la répartition des organes prélevés. Ils ont également souhaité, toujours au nom de la justice sociale, que le développement des greffes ne se fasse pas « au détriment de soins beaucoup moins techniques mais dus aux personnes atteintes de maladies chroniques incurables et aux personnes parvenues à un grand âge[33] ». Ces remarques s'appliquent aussi, bien entendu, aux prélèvements de tissus et cellules.

33. *Propos pour un dialogue*, p. 54.

IV

L'ASSISTANCE MÉDICALE À LA PROCRÉATION ET L'ANONYMAT DU DON

Quelles conditions d'accès à l'AMP : infertilité naturelle et intérêt de l'enfant ?

Faut-il ne lever que partiellement l'anonymat ?

Comment assumer une insoluble contradiction ?

Le don d'embryon, une fausse bonne idée ?

Comment maintenir une vraie gratuité du don de gamètes ?

L'« optimum scientifique » est-il souhaitable ?

Comment résoudre les questions éthiques soulevées par la congélation d'embryons humains ?

Promouvoir la recherche pour guérir la stérilité et mieux accompagner l'adoption ?

Revisiter la notion de désir d'enfant et aussi celle de l'amour ?

Le Conseil d'État fonde les solutions juridiques qu'il propose pour l'encadrement de l'Assistance Médicale à la Procréation, sur «l'intérêt de l'enfant» qui, selon lui, «a toujours été placé au premier rang des préoccupations du législateur[1]», y compris quand il inventa le concept de projet parental[2]. Ancrée dans la législation française par la loi du 22 juillet 1987 relative à l'autorité parentale, la notion d'«intérêt de l'enfant» a été consacrée par la Convention internationale des droits de l'enfant, datée de 1990. La France a ratifié cette Convention qui se réfère à «l'intérêt supérieur de l'enfant[3]». Dès lors, la «primauté» de cet intérêt de l'enfant est une référence «incontestable», estime le Conseil d'État[4].

Le Rapport des États Généraux n'entre pas dans ces considérations de pur droit. Il fait une distinction qu'il faut souligner: «l'AMP est d'abord une réponse médicale à l'infertilité naturelle» et non «une réponse à une demande parentale». «La réflexion des citoyens, lit-on dans ce même Rapport, n'épouse pas exactement l'ordre introduit dans la loi à l'article L.2141-2 du Code de la santé publique qui

---

1. Cf. *Étude*, p. 47.

2. En 1987, le législateur a posé le postulat volontariste que les parents, même après une séparation ou un divorce, demeureraient capables de s'entendre sur les modalités d'exercice de l'autorité parentale, notamment sur les mesures d'entretien et d'éducation qu'appellerait l'intérêt de leurs enfants.

3. Article 3, §1: «Dans toutes les décisions qui concernent les enfants, qu'elles soient le fait des institutions publiques ou privées de protection sociale, des tribunaux, des autorités administratives ou des organes législatifs, l'intérêt supérieur de l'enfant doit être une considération primordiale.»

4. Cf. *Étude*, p. 47.

définit, dans son premier alinéa, l'AMP comme "destinée à répondre à la demande parentale d'un couple", avant même d'invoquer, à l'alinéa 2, les mobiles médicaux qui justifient de recourir à ces techniques. Les citoyens ont reconnu que "le désir d'enfant" était, bien entendu, une raison essentielle de recourir à l'AMP. Ils ont bien vu que la satisfaction de ce désir était un effet, une conséquence possible de l'AMP. Cependant, ils ne conçoivent pas la satisfaction de ce désir comme sa finalité première. L'expression d'une demande ne suffit pas selon eux à justifier l'usage de ces techniques. La fin ne justifie pas les moyens[5]. »

L'étude du Conseil d'État contient des propositions de textes relatives, d'une part, aux conditions d'accès à l'AMP et, d'autre part, aux contrôles dont devrait être assorti l'usage de certaines techniques. Le rapport des États Généraux n'envisage que la première question. Cependant, ensemble, Conseil d'État et citoyens invitent à ne pas dissocier l'intérêt de l'enfant et le constat médical d'une infertilité naturelle. C'est dans cette perspective que devrait être envisagée toute légalisation éventuelle de nouvelles modalités d'AMP.

---

5. *Rapport*, pp. 42-43. Voir aussi les conclusions de l'Espace Éthique Méditerranéen : « Après cette revue des différents sujets et litiges en AMP, quelques réflexions générales émises par les sages-femmes de l'Hôpital de la Conception et avalisés par l'ensemble de notre commission signifiant notre inquiétude vis-à-vis de l'évolution des lois : en ce qu'elles risquent de placer en avant la souffrance des couples infertiles par rapport à celle éventuelle des enfants à venir ; en ce qu'elles risquent d'aller dans le sens de la "liberté individuelle" d'accès aux différentes techniques, dans le sens du "droit à l'enfant" en méconnaissant le fait qu'un être humain est un "être social", que le "petit d'homme" doit être humanisé, élevé par son environnement social et familial ; en ce qu'elles risquent d'oublier les conséquences anthropologiques de l'AMP : bouleversement de la filiation, bouleversement du rapport des sexes, bouleversement du rapport des générations. » In *Rapport-Annexe*, p. 15.

Quelles conditions d'accès à l'AMP : infertilité naturelle et intérêt de l'enfant ?

Au sujet des conditions d'accès à l'AMP, l'avis du Conseil d'État est de maintenir le cadre actuel, qui cherche à penser l'AMP en référence au modèle de la procréation « naturelle » et non « de créer un modèle alternatif à la procréation[6] » : les membres du couple doivent être vivants, « en âge de procréer », mariés ou attester d'une vie commune d'au moins deux ans[7].

En conséquence, l'ouverture de l'accès à l'AMP à une femme seule n'est pas retenue car, dans ce cas, pour le Conseil d'État, « il s'agirait de "créer" délibérément un enfant sans père, ce qui ne peut être considéré comme l'intérêt de l'enfant à naître[8] », et parce que, selon le Rapport des États Généraux, il n'y a pas d'infertilité naturelle ni « référence à un couple[9] ».

De même, la revendication d'ouvrir l'accès à l'AMP à deux femmes vivant ensemble ne peut être reçue car, estime le Conseil d'État, ce serait « admettre la conception médicalement assistée d'un enfant sans ascendance masculine[10] ». Le Conseil d'État ajoute immédiatement : « Cette question comporte des dimensions affectives, éducatives, voire anthropologiques, qui dépassent de beaucoup sa seule dimension juridique. » En règle générale, l'accès à l'AMP pour deux per-

---

6. Cf. *Étude*, p. 47.

7. Le Conseil d'État propose simplement de mentionner le PACS comme répondant à cette exigence.

8. Cf. *Étude*, p. 49. Notons que le Conseil d'État oppose la logique de cette pratique à celle de l'adoption où « il s'agit de prendre en charge un enfant déjà né, en lui donnant la chance d'être accueilli par un adulte qui deviendra sa mère ou son père ».

9. *Rapport*, p. 45.

10. Cf. *Étude*, p. 50.

sonnes de même sexe fait appel à la notion d'homoparentalité. « Il ne serait pas de bonne législation, remarque le Conseil d'État, de la traiter sans prendre en compte toutes ses implications. » C'est pourquoi, estime la haute juridiction, même si « une meilleure reconnaissance de l'homoparentalité peut, à certaines conditions, répondre à l'intérêt des enfants élevés par deux adultes de même sexe formant un couple stable et constituant avec ces enfants une famille[11] », cette reconnaissance éventuelle mérite un débat de fond sur le droit de la famille qui dépasse celui du recours à l'AMP.

Sans entrer dans ce « débat de fond » – pourtant nécessaire – il convient de noter ici que la notion d'« homoparentalité » a été jugée « équivoque » et « contradictoire » parce qu'elle ne tenait pas compte du langage ni du corps toujours sexué[12]. Or, selon Denis Vasse, « ce qui fait l'homme depuis toujours et pour toujours est une parole dans un corps sexué et dans une généalogie ». Est-il possible de penser la filiation en la dissociant de la différence sexuelle qui l'établit dans la double généalogie paternelle et maternelle ? La différence sexuelle, inscrite dans le corps et dans la naissance, se prolonge dans l'éducation et dans la relation parents-enfants. Une mère ne remplacera jamais un père et réciproquement. Il existe une dissymétrie entre les sexes qui contribue à la découverte par l'enfant de sa propre identité. La notion d'« homoparentalité » n'articule pas vraiment naissance et filiation, corps et parenté. Elle postule la différence sexuelle comme « une petite différence, une différence purement réelle qui n'est pas reprise dans l'ordre symbolique : elle est rendue *in-signifiante*. Ça ne compte pour rien. Ça ne

---

11. Cf. *Étude,* p. 49.

12. Cf. Xavier Lacroix, *La confusion des genres. Réponses à certaines demandes homosexuelles sur le mariage et l'adoption*, Bayard, 2005. Il cite Denis Vasse, *ibid.*, p. 42.

s'inscrit pas. L'autre devient ainsi l'empêcheur de tourner en rond dans un entre-nous imaginaire[13] ».

Quant aux citoyens, c'est toujours au motif d'une absence d'infertilité naturelle qu'ils refusent l'accès de deux personnes de même sexe à l'AMP. Si cet accès était autorisé pour les femmes, ils soulignent que cela conduirait inévitablement à la légalisation de la gestation pour autrui afin de répondre à la demande des hommes, au nom même du principe de non-discrimination[14]. Or, autant le Conseil d'État que les "citoyens" s'opposent – à juste titre – à la légalisation de la gestation pour autrui, comme cela est expliqué au chapitre suivant.

Faut-il ne lever que partiellement l'anonymat ?

Concernant les cas d'AMP avec donneur de gamètes[15], le Conseil d'État envisage favorablement la possibilité

---

13. Anne JOOS DE TER BEERST, « À propos de l'homoparentalité », *Le bulletin freudien*, n° 54, août 2009. Voir dans ce numéro l'article de Xavier DIJON, « L'autre de la différence : la loi à l'épreuve de l'homoparentalité », pp. 119-139. On pourra aussi se reporter à Laurent DE BRIEY et John PITSEYS, « L'homoparentalité et la fonction du droit », *Revue philosophique de Louvain*, n° 1-2, février-mai 2007, pp. 77-106. Cet article traite de la situation en Belgique. Pour la France, on peut se reporter à Élizabeth MONTFORT, « Les enjeux de l'homoparentalité », in *Déviances et délinquances, Approches psycho-sociales et pénales*, Essais de philosophie pénale et de criminologie, vol. VIII, Paris, Dalloz, 2009, pp. 73-81. Voir la Déclaration commune des neufs responsables religieux de la région lyonnaise du 6 février 2007 ; elle est mise en annexe dans le livre de Agnès VILLIÉ, *Origines et conséquences de la négation de la différence sexuelle*, IF Press, 2007.

14. Cf. *Rapport*, p. 43. Selon le CHU de Poitiers, « les tensions éthiques en cascade que génère l'extension des conditions d'accès à l'AMP doit (sic) donc susciter la plus grande prudence », in *Rapport-Annexe*, p. 35.

15. Cela représente 7% des AMP selon le rapport de l'Agence de la biomédecine de 2006. Il ne faut pas sous-estimer la fragilisation du couple que peut entraîner l'intrusion d'un tiers par le don de gamètes

d'une certaine levée de l'anonymat du donneur. Il invoque successivement la demande des enfants nés sous AMP et des études scientifiques qui montreraient que l'application radicale du principe d'anonymat, sur lequel repose le droit en vigueur, serait préjudiciable à l'intérêt de l'enfant en le privant d'une partie de son histoire. Après avoir étudié plusieurs options, le Conseil d'État propose « un régime combinant un accès de tout enfant majeur le sollicitant à certaines catégories de données non identifiantes et la possibilité d'une levée de l'anonymat si l'enfant le demande et si le donneur y consent[16] ».

Le Conseil d'État justifie sa proposition en transposant l'analyse que la Cour européenne des droits de l'homme a faite de « l'accouchement sous X » et du secret qu'il implique : il estime que, dans la jurisprudence de la Cour européenne, le « droit à la connaissance des origines » prime sur la préservation de la vie familiale au sein de la famille de l'enfant ou sur l'intérêt moral ou familial du donneur.

La solution proposée n'est pas sans poser de graves questions qui surgissent en pensant à l'intérêt de l'enfant. Comment éviter une inégalité de traitement entre deux enfants qui demandent à connaître l'identité de leur ascendant biologique si un donneur accepte de révéler son identité et si l'autre le refuse ? Et comment gérer la situation si ces deux enfants appartiennent à la même fratrie ? Dans un autre ordre d'idée, cette préconisation n'altère-t-elle pas la notion de don qui doit être désintéressé, puisque le donneur pourrait faire son don de gamètes avec l'inten-

dans la relation entre l'homme et la femme. En cas de don de sperme, cela peut entraîner une survalorisation du rôle paternel de l'homme qui veut se prouver qu'il est bien le père en n'assumant pas complètement sa propre stérilité. L'accompagnement psychologique en amont de l'AMP avec donneur est essentiel.

16. Cf. *Étude*, p. 42.

tion de connaître l'enfant qui en est né ? Et que pourrait cacher cette intention ? Le donneur se comporterait-il comme un simple « géniteur, un donneur d'hérédité[17] » ? Que signifieraient ces expressions ? D'un côté, le maintien de l'anonymat ne serait-il pas garant de la paix de la filiation affective, sociale et juridique ? D'un autre côté, ce don est don d'un patrimoine génétique qui n'est pas à ignorer. Comment l'enfant, dans son intérêt, n'aurait-il pas droit de le connaître si la préservation de l'anonymat le lui cache délibérément ? Comment résoudre la contradiction ?

Les citoyens ont un avis qui vise « à "privilégier" l'histoire parentale par rapport à la généalogie biologique. Le "donneur" ne saurait, en un sens, selon eux, être assimilé à un "parent" ». C'est pourquoi, ils sont « unanimement favorables à une levée partielle de l'anonymat », c'est-à-dire à l'« accès aux seules données médicales non identifiantes[18] ». « Ils préconisent de lever, le plus tôt possible, le "secret" portant sur le mode de conception de l'enfant. Les citoyens postulent que le maintien prolongé de ce secret est de nature à alimenter le désir de connaître ses origines biologiques[19] ».

La piste est peut-être intéressante mais comment organiser l'information de l'enfant sans porter atteinte au principe du respect de la vie privée de la famille ? En effet, l'enfant recevrait l'information sur son mode de concep-

17. Expressions employées par l'Espace Éthique Méditerranéen, in *Rapport-Annexe*, p. 32. Il semble que, contrairement aux orateurs qui estiment que « le législateur a omis de prendre en compte l'intérêt supérieur de l'enfant qui a le droit de savoir de quelle manière il a été conçu et d'où il vient », la discussion avec le public à cet Espace ait plutôt orienté vers « la règle de l'anonymat [qui] assure la stabilité de la cellule familiale ». In *ibid.*, p. 31.

18. *Rapport*, p. 44.

19. *Rapport*, p. 45.

tion selon un vocabulaire approprié à son âge et dans une relation aimante et éducatrice de la part de ses parents affectifs et sociaux qui sauraient le faire entrer dans son histoire. La manière dont lui serait communiqué le secret et sa symbolisation lui permettraient de grandir en se l'appropriant de telle sorte qu'en grandissant, il assume librement et sereinement sa filiation selon ses différentes composantes telles qu'elles lui ont été données.

Mais que disent les psychologues ou les pédopsychiatres sur cette hypothèse ? L'enfant saura-t-il toujours assumer sa différence par rapport à ses amis et, éventuellement, ses frères ou sœurs ? Et que se passera-t-il pour lui si, connaissant son « secret » tel que ses parents le lui révèlent, ceux-ci se séparent provoquant en lui la blessure du divorce ?

Comment assumer une insoluble contradiction ?

L'AMP avec donneur conduit à des difficultés insolubles[20]. Le dernier chapitre de *Bioéthique. Questions pour un discernement* aborde certaines des questions controversées que suscite la filiation avec donneur et qui sont traitées seulement par le Conseil d'État. Il convient de les avoir présentes à l'esprit. Celles-ci peuvent se résumer en une contradiction : d'une part, la négation du don d'un tiers avec son patrimoine génétique et, d'autre part, l'absolutisation de la seule filiation biologique comme source de revendications du moment que les tests génétiques en apportent la preuve. D'un côté, il y aurait le droit de l'enfant à connaître son patrimoine génétique et, dans ce cas, la levée de l'anonymat s'impose ; mais ne serait-ce pas

20. « L'ensemble de ces difficultés auxquelles nous sommes tous confrontés va dans le sens d'un malaise croissant vis-à-vis de tous les dons d'engendrement », conclut l'Espace Éthique Méditerranéen au sujet des conditions d'accès à l'AMP, in *Rapport-Annexe*, p. 13.

la porte ouverte à toutes sortes de comportements variés de la part du donneur qui risqueraient de porter atteinte à la filiation construite affectivement et reconnue socialement ? D'un autre côté, il y aurait le droit du donneur à rester dans l'anonymat ce qui, pour certains, est considéré comme un devoir car cet anonymat garantit la qualité désintéressée du don[21], et, de ce point de vue, la levée du secret avec l'accès à certaines données non identifiantes s'imposent comme un minimum. Mais ce minimum ne va-t-il pas exacerber le désir d'en savoir plus ?

De fait, l'AMP avec donneur place devant un paradoxe apparemment sans issue. La légalisation de cette pratique en a-t-elle suffisamment tenu compte ? Alors qu'elle est réalisée dans un faible pourcentage de cas, ne faut-il pas que son autorisation soit encadrée en étant dissuasive afin que, comme le pensaient des membres du Comité Consultatif National d'Éthique, « elle ne se confonde pas avec la légitimation d'une pratique »[22] ? A-t-on suffisamment réfléchi à la spécificité éthique portée par le don de gamètes ? « Le don, estime le CCNE, se traduit par la venue au monde d'un nouvel être humain dont il contribue à déterminer

21. Certains préconisent le maintien de l'anonymat afin que le nombre de dons de gamètes ne diminue pas. En effet, certains pays, comme la Suède, ont vu le nombre de dons fortement diminuer dès que l'anonymat a été levé. Cet argument, plutôt d'ordre utilitaire, a peu de valeur rationnelle et n'est pas éthique. Il tombe de lui-même quand on sait les situations insolubles où conduisent les AMP avec donneur.

22. Comité Consultatif National d'Éthique, Avis n° 18, 15 décembre 1989. Dans ce même Avis, le CCNE estime qu'une différence existe entre le don de sperme et le don d'ovocyte : « Bien qu'il paraisse possible de préserver l'anonymat du don d'ovocytes comme du don de sperme, ce don étant ressenti fréquemment comme impliquant la donneuse plus que le don de sperme ne le fait pour le donneur, le vif sentiment d'une dette contractée par la receveuse à l'égard de la donneuse peut être porteur de conséquences psychiques imprévisibles pour la mère et pour l'enfant. »

génétiquement l'identité, et il induit des conditions sociales et psychiques de la reproduction humaine ». Ce don engage donc bien davantage que le donneur et le receveur. En théorie, il ne peut se faire que dans l'intérêt supérieur de l'enfant pour lequel ce don est voulu. Or, ce don, aussi altruiste soit-il, est-il compatible avec cet intérêt ? Il ne suffit pas de considérer la validité éthique entre adultes qui, de façon libre, généreuse et solidaire, entrent en relation l'un avec l'autre par un geste de don anonyme et désintéressé. Il faut y introduire la notion de responsabilité qui incombe aux adultes vis-à-vis de celui auquel ils pensent ou devraient penser avant même qu'il existe : l'enfant. La responsabilité spécifique des adultes vis-à-vis de l'enfant n'est-elle pas la mesure rationnelle de leur générosité et de leur solidarité entre eux ?

Comment encadrer au mieux la pratique de l'AMP avec donneur si elle est maintenue ? D'abord en aidant le couple à assumer sa stérilité et à attendre l'enfant comme un don et non un dû. Ensuite en prenant toutes les mesures pour que la filiation affective et sociale soit le mieux possible assumée par l'enfant. Certes, l'un de ses droits est nié. Mais qui porte la responsabilité de la dissociation de sa filiation si ce n'est d'abord ceux qui l'autorisent ou la proposent avant ceux qui la demandent ? Dès lors, c'est à la loi civile de prendre toutes les précautions qui garantissent le mieux possible à l'enfant une croissance harmonieuse et paisible.

Le don d'embryon, une fausse bonne idée ?

La question du don d'embryon n'a pas retenu l'attention des citoyens. Le Conseil d'État évoque « l'accueil d'embryons », selon l'expression juridique, en soulignant immédiatement qu'il « est loin d'être anodin ». Pour lui, cette pratique est reconnue comme un « don ». Il souligne qu'un tel don évite la destruction d'embryons à laquelle il semble ne pas pouvoir se résoudre « sereinement ». C'est pourquoi, il souhaite le maintien de cette pratique, malgré les réserves dues à « une quête complexe de ses "origines" », « car il assure au plan symbolique que tout embryon surnuméraire n'est pas voué soit à la destruction, soit à la recherche » qui le détruira[23].

Là aussi, les questions sont nombreuses. Le Comité Consultatif National d'Éthique « estime que le don d'embryons pose des problèmes qualitativement plus graves que le don de gamètes[24] ». Outre les questions énumérées par le CCNE qui se préoccupe de voir l'embryon humain réduit à du « matériel génétique utilisé dans les thérapies de la stérilité », nous attirons l'attention sur celles-ci : les parents de l'embryon le donneraient-ils ? Ou bien, serait-il d'abord abandonné par suite d'abandon de projet parental pour qu'une institution soit ensuite chargée de proposer son implantation dans le corps d'une femme désirant un enfant ? Sous quelles conditions ce désir d'enfant pourrait-il être satisfait de cette manière ? Le couple receveur aurait-il le droit d'avoir accès à des données non identifiantes des parents de l'embryon ? Comment répondre à la quête légitime des origines, rendue encore plus complexe lorsque cet embryon humain a été produit avec un tiers

---

23. Cf. *Étude,* p. 59. Voir *supra* au sujet de la « destruction » d'embryons humains, note 27, p. 49. Au sujet du don d'embryons congelés, non abordé dans le livre *Bioéthique. Propos pour un dialogue*, rappelons les réserves exprimées par l'Instruction *Dignitas Personae* au n° 19 : « la proposition de mettre ces embryons à la disposition pour des couples infertiles, comme "thérapie de l'infertilité" n'est pas acceptable du point de vue éthique pour les mêmes raisons que celles qui rendent illicites tant la procréation artificielle hétérologue que toutes les formes de maternité de substitution. Cette pratique comporterait de plus plusieurs autres problèmes sur le plan médical, psychologique et juridique. »

24. Cf. Avis n° 18 du 15 décembre 1989.

donneur ? S'il est toujours arrivé qu'un enfant naisse d'un ascendant génétique qui n'est pas son père affectif et social, la société doit s'interroger sérieusement en reprenant l'affirmation du Conseil d'État : que signifie pour une société de légaliser « l'acceptation du mensonge à l'origine même de la vie d'un être humain » ?

Comment maintenir une vraie gratuité du don de gamètes ?

Les questions soulevées par l'AMP avec donneur sont sérieuses. Le Conseil d'État s'interroge sur l'authenticité du don : comment la garantir ? Si l'anonymat tend à la préserver, la gratuité s'impose « en raison du principe de non-patrimonialité du corps humain », insiste le Conseil d'État[25]. Malgré la pénurie des ovocytes, il assure que « dans le domaine de l'éthique, on ne peut admettre que nécessité fasse loi ». « Il est d'autant plus souhaitable de maintenir [le principe de gratuité] que le don d'ovocytes présente des inconvénients et même des risques médicaux pour la femme. » Le Conseil d'État estime cependant que les donneurs devraient être remboursés de leurs frais réels liés aux conditions matérielles du don[26].

De même, les citoyens se sont montrés « unanimement attachés[27] » au principe de gratuité pour le don de gamètes, avec une « insistance, pour faciliter le don, sur la nécessaire prise en charge totale des frais réels occasionnés par le don de gamètes (et notamment d'ovocytes)[28] ». Mais les

25. Cf. *Étude*, p. 55.

26. Cf. *Étude*, pp. 55-56.

27. Cf. *Rapport*, pp. 44, 45 et 48.

28. Cf. *Rapport*, p. 128. Les citoyens sont précis : « Il ne s'agit pas d'une indemnisation forfaitaire, mais d'un défraiement total (transport, hébergement, salaire, nourriture et frais médicaux qui doivent être pris en

citoyens invitent fermement à « une réflexion approfondie sur les modalités effectives d'une responsabilisation du don[29] ».

Si la loi maintenait la possibilité du don de gamètes, ne s'exposerait-elle pas au devoir de répondre à des questions dont la liste risque d'être sans fin ? Comment encadrer ce défraiement pour qu'il ne s'apparente pas de fait à une rémunération et n'attire pas ceux et celles qui ont besoin d'argent ? Comment rendre cohérent l'argument visant à faciliter le don de gamètes avec l'autre argument qui vise à le restreindre en raison des situations insolubles que créent les techniques d'AMP avec donneur ? Comment harmoniser l'incitation faite aux femmes pour donner leurs ovocytes, avec le risque médical qu'elles encourent par la stimulation ovarienne ? N'irait-on pas vers une surenchère de l'indemnisation en faisant valoir le risque de cette stimulation ? Et si l'indemnisation augmentait en fonction du risque encouru, ne verrions-nous pas pratiquer davantage d'hyper-stimulations ovariennes avec les dangers qu'elles comportent ? Comment enfin éviter que soit jugée discriminatoire une différence de défraiement entre le don masculin et le don féminin ?

En réfléchissant au don de gamètes, la société doit impérativement se demander s'il est compatible avec « l'intérêt supérieur de l'enfant ». Les gamètes ne sont pas en effet des organes comme un autre puisqu'ils mettent en jeu immédiatement un autre être humain que le donneur et le receveur.

---

charge à 100%). Il ne doit jamais être demandé aux donneurs d'avancer de l'argent. En somme, le don de gamètes ne doit occasionner ni gain ni perte chez le donneur. Et il est important d'affirmer le principe d'égalité de prise en charge entre donneurs et receveurs. » Dès lors, vient la question : comment prendre en charge totalement un « salaire » sans que cette prise en charge soit assimilée à une rémunération ?

29. Cf. *Rapport*, p. 45.

Dans le cadre actuel de la loi qui autorise ce don, le principe de gratuité s'impose à un double titre : d'une part, il s'agit d'un don de cellules du corps humain ; d'autre part, et ce point est le plus essentiel, l'être humain qui en sera issu est un don à recevoir gratuitement et généreusement sans qu'il soit en lui-même un coût. Quel serait l'effet psychologique sur l'enfant s'il apprenait qu'il a été « acheté » ?

L'« optimum scientifique » est-il souhaitable ?

Le Conseil d'État rappelle que la législation actuelle interdit les « recherches visant à améliorer les techniques d'assistance médicale à la procréation et impliquant la fécondation et/ou la réimplantation d'embryons[30] ». Il préconise le maintien de cette interdiction pour éviter la création d'embryons humains à des fins de recherche. « Dans ce domaine, l'optimum scientifique n'est pas le plus souhaitable éthiquement et il faut prévenir une dérive qui pourrait conduire à la "création" d'enfants expérimentaux[31] ».

En revanche, le Conseil d'État propose d'encadrer « les améliorations des techniques [d'AMP] déjà existantes », en soumettant les protocoles de recherche qui les mettent en œuvre à un régime d'autorisation comportant trois conditions : la recherche ne porte pas atteinte à l'embryon, son innocuité à l'égard de la mère est vérifiée (avec une vigilance accrue au sujet de la stimulation ovarienne)[32], ainsi que le « respect des principes éthiques ».

---

30. Cf. *Étude*, p. 58.

31. Cf. *Étude*, p. 58.

32. L'étude du Conseil d'État précise explicitement que « la pratique de la stimulation ovarienne » présente des « risques » qui sont « réels », « les hyper-stimulations pouvant être dangereuses ». Voir *Étude*, p. 59. Elle rejoint sur ce point l'analyse de *Propos pour un dialogue*, p. 86. Or, la loi de 2004 a voulu favoriser le don de gamètes en élargissant les caractéristiques du donneur et en permettant que celui-ci puisse donner jusqu'à

Le Conseil propose en outre une garantie de procédure : lorsque l'AMP est réalisée selon une technique nouvelle, le couple qui y consent doit recevoir au préalable une information sur le « caractère expérimental de la technique mise en œuvre » et sur les « risques qu'elle peut impliquer pour l'enfant à naître[33] ».

Comment ne pas inviter le législateur à être cohérent avec lui-même ? La légalisation de techniques peut-elle contredire le principe de l'intérêt supérieur de l'enfant ? Si le législateur a voulu mettre en œuvre un garde-fou éthique en instituant le principe de précaution, comment pourrait-il ne pas l'appliquer, comme le suggère d'ailleurs le Comité Consultatif National d'Éthique, quand il s'agit de légali-

---

ce que soient produits avec ses gamètes dix enfants au lieu de cinq ; elle a ainsi pris une mesure qui va contre cette volonté : « l'obligation particulière d'information qui pèse désormais sur l'équipe pluridisciplinaire au profit de la donneuse d'ovocyte. Celle-ci doit en effet être informée par celle-là des conditions de la stimulation ovarienne et du prélèvement ovocytaire, ainsi que des risques et contraintes liés à cette technique », in Jean-René BINET, *Le nouveau droit de la bioéthique. Commentaire et analyse de la loi n° 2004-800 du 6 août 2004 relative à la bioéthique*, coll. Carré droit, Litec, 2005, pp. 51-52. D'ailleurs, le 2nd alinéa de l'article du Code de santé publique consacré à l'AMP précise que « la stimulation ovarienne est soumise à des recommandations de bonnes pratiques », in *ibid.*, p. 75. Produire des ovocytes est une chose, les recueillir en est une autre. À cet égard, Sylviane Agacinski évoque non seulement « l'extraction » d'ovocytes mais aussi « l'effraction » qu'elle constitue. Voir Sylviane AGACINSKI, *Corps en miettes*, Flammarion, 2009, p. 37. Le mot « effraction » est repris à l'Avis n° 18 du CCNE qui précise : « le don d'ovocytes requiert un traitement médical et une effraction du corps dont l'innocuité reste problématique. » Voir l'opinion du CHU de Dijon qui a souligné « la lourdeur de ces pratiques pour les femmes », in *Rapport-Annexe*, p. 77.

33. Cf. *Étude*, pp. 56-59. L'étude du Conseil d'État fait mention des « inquiétudes régulièrement exprimées » au sujet de l'ICSI. Avec cette pratique, on « observerait une fréquence accrue d'anomalies chromosomiques transmises ». In *Étude*, p. 56. Voir *infra*, note 41.

ser des pratiques techniques qui mettent délibérément en jeu des risques pour des enfants à naître ? De quelle responsabilité ferait preuve le législateur devant la société en donnant libre cours à de telles techniques ?

Comment résoudre les questions éthiques de la congélation d'embryons humains ?

Le Conseil d'État ne remet pas en cause les dispositions législatives en vigueur relatives à la « congélation » des embryons humains ; il se borne à en constater l'ampleur statistique[34]. Dès lors que les techniques d'AMP sont liées à leur congélation, il est légitime de se demander si ces techniques sont suffisamment concordantes avec le principe de protection due à l'embryon humain. Est-il pertinent, tant pour l'être humain concerné que pour la société, de priver une « personne humaine en devenir » de la dimension du temps ? Cette privation est-elle conforme au respect dû à sa dignité ?

Il est étonnant que le Conseil d'État, pourtant sensible à l'éthique, ne se soit pas posé les questions éthiques relatives à la congélation de l'embryon humain. Où est en effet l'intérêt supérieur de l'enfant lorsque l'embryon congelé peut être détruit dès lors que ses parents ont abandonné leur projet sur lui ? Sans congélation d'embryons humains, intérêt de l'enfant et projet parental se soutiennent l'un l'autre.

En passant sous silence ces questions éthiques, la congélation ne sert-elle pas de dérivatif ? Car, pense-t-on couram-

---

34. Le Conseil d'État n'a pas souhaité se prononcer sur le débat concernant le « statut » de l'embryon tout en adhérant à l'affirmation selon laquelle ce n'est pas une « chose » (voir *Étude*, p. 12), et donc ne revient pas sur les « très nombreuses fécondations, congélations, destructions d'embryons humains » entraînées par les techniques de fécondation *in vitro*. Voir *Propos pour un dialogue*, p. 86.

ment, ne faut-il pas faire quelque chose – notamment de la recherche – de ces embryons humains congelés ? N'accepte-t-on pas de congeler des embryons humains pour en avoir de disponibles en vue de cette recherche ? Le Conseil d'État ne s'y est pas trompé, ni les citoyens qui considèrent que « le délai de conservation de cinq ans des embryons surnuméraires ne s'inscrivant plus dans un projet parental est trop long » et devrait être « ramené à un an renouvelable une fois » : « cela permettrait une meilleure compréhension de l'intérêt du don d'embryons à la recherche »[35]. Il est ici clairement avoué que l'intérêt pour la recherche prime sur l'intérêt de l'enfant.

De fait, la production d'embryons « surnuméraires » dans le cadre de l'AMP, moyennant le consentement du couple, ne conduit-elle pas, comme les Évêques l'ont remarqué, « à contourner l'interdiction de production d'embryons pour la recherche »[36] ? La cohérence de la loi n'appelle-t-elle pas un contrôle strict qui empêche cette dérive ? Pourquoi la congélation d'embryon humain ne serait-elle pas interdite ? Des pays comme l'Allemagne et l'Italie ont décidé cette interdiction[37]. Ne serait-ce pas un

---

35. *Rapport-Annexe*, p. 125. On ne peut qu'être surpris de ce délai si court qui prive les parents de leur liberté de décider du nombre d'enfants ? N'ont-ils pas besoin de plus d'un an pour prendre une telle décision ?

36. Cf. *Propos pour un dialogue*, p. 88. « L'interdiction de la congélation d'embryons humains doit être effective », in *ibid.*, p. 86, note 4.

37. On objecte souvent que dans ces pays, il est procédé au transfert de tous les embryons produits en procédant ensuite à la réduction embryonnaire de telle sorte que soient évités les risques dus aux grossesses multiples. On soutient alors qu'il vaut peut-être mieux congeler puis détruire plutôt que transférer puis détruire les embryons. Mais n'est-il pas possible de répondre au souhait de la Haute Autorité de Santé rappelé *supra* en permettant au couple de choisir le transfert d'un seul embryon sans que ce couple soit pénalisé par la prise en charge financière ?

progrès éthique de notre législation ? En France, le Comité Consultatif National d'Éthique avait espéré que «les progrès des méthodes de fécondation *in vitro* donneront un caractère temporaire aux problèmes soulevés par leur devenir en évitant la constitution de ces embryons surnuméraires»[38].

Les citoyens estiment, probablement sans avoir eu suffisamment de temps pour y réfléchir, que «l'absence de réponse des parents, une fois le délai écoulé [ramené à un an, renouvelable qu'une seule fois !], signifie la fin du projet parental»[39]. Est-il si simple que cela pour des parents de décréter la «fin» de leur lien avec les embryons conçus à partir de leurs gamètes ? Ni les citoyens, ni le Conseil d'État ne s'interrogent sur la signification du silence que de nombreux couples opposent à la question de savoir s'ils souhaitent que leur embryon congelé soit détruit ou donné à la recherche qui le détruira. Les témoignages sont de plus en plus nombreux de l'embarras des couples pour décider du sort de leurs embryons congelés[40]. Que signifie le silence des parents à leur sujet ? Peu de réflexions sont menées

---

38. Avis n° 18 du 15 décembre 1989. Dans cet Avis, le CCNE «rappelle aux biologistes et aux médecins la nécessité de limiter dans toute la mesure du possible le nombre d'ovocytes fécondés, et tient pour hautement souhaitable que puisse être prochainement évitée une forme de procréation posant des problèmes éthiques sans aucune solution satisfaisante». «D'une manière générale, les intervenants en AMP sont tous plus ou moins mal à l'aise avec la congélation des embryons de façon directe ou indirecte», a-t-il été exprimé à l'Espace Éthique Méditerranéen, in *Rapport-Annexe*, p. 14.

39. *Rapport-Annexe*, p. 125.

40. Dans le Rapport des État Généraux, est fait mention d'un témoignage qui «montre mieux que tout discours philosophique, le poids d'humanité dont ce couple investissait des embryons surnuméraires que la maman ne pouvait porter», in *Rapport-Annexe*, p. 36. Voir dans le même sens in *ibid.*, p. 14.

sur l'imaginaire des parents qui ont «laissé» plusieurs de leurs embryons congelés au centre de conservation, ni sur l'impact psychologique de cet état de fait sur les enfants vivants durant les diverses phases de leur croissance. Ne faudrait-il pas s'interroger sur le «syndrome du survivant» évoqué aujourd'hui à propos des AMP ?

Promouvoir la recherche pour guérir la stérilité et mieux accompagner l'adoption ?

Le Conseil d'État donne des chiffres sans que le lecteur puisse connaître directement le taux de réussite finale de l'AMP ni le nombre de couples qui, après plusieurs tentatives, renoncent à poursuivre et se retrouvent sans enfant. Or, ces couples sont, semble-t-il, nombreux. Selon les chiffres fournis, il est possible de déduire que, pour l'année 2006, le taux de réussite est de 16,6 %. L'information sur les techniques d'AMP devrait donc être réaliste : il n'est ni honnête ni respectueux d'en exagérer la réussite au risque d'exacerber le désir d'enfant en laissant croire qu'elles donnent certainement la possibilité d'avoir un enfant. De plus, le Conseil d'État note que plus de 60 % des FIV utilisent la pratique de l'ICSI dont il souligne les «risques réels»[41].

41. Intra Cytoplasmic Sperm Injection. Voir *Étude*, p. 56. Selon l'Avis n° 75 du Comité Consultatif National d'Éthique daté du 12 décembre 2002, 50,6% des fécondations *in vitro* utilisaient la technique de l'ICSI en 2000 contre 35,1% en 1996. «Ainsi, estime le Comité, l'ICSI tend à répondre à des indictions plus larges que celles prévues initialement. Cette extension renforce les incertitudes en ce qui concerne l'enfant à venir.» La loi de 2004 a sans doute voulu «limiter le recours à l'ICSI dont les conséquences sont encore trop incertaines», précise Jean-René Binet, *ibid.*, p. 76. Effectivement, le député Pierre-Louis Fagniez notait en 2003 que «des anomalies génétiques ont été notamment révélées s'agissant des enfants issus de la technique de l'ICSI ou de la FIVETE» ; il commentait : «il est clair qu'un problème de santé publique se pose», in *Assemblée nationale*, *Rapport*

Il est regrettable que le Conseil d'État ne tire pas les conséquences juridiques de ses propres constatations et ne préconise pas une vérification de cette technique, au sens du Code de la santé publique, et un encadrement plus strict. À cet égard, le Comité Consultatif National d'Éthique estima que «les risques liés à la FIV, et à l'ICSI en particulier, rendent indispensable la réalisation de suivi épidémiologique à long terme des enfants nés après l'utilisation de ces techniques». Après avoir rappelé deux difficultés éthiques à un tel suivi, il conclut cependant: «il pourrait être reproché aux pouvoirs publics d'avoir accepté que se développent des techniques de FIV sans s'assurer de leur innocuité»[42].

---

n° 761, 1er avril 2003. Voir aussi *Propos pour un dialogue*, p. 84, note 1 qui évoque le risque d'infertilité chez les enfants issus d'ICSI. De son côté, la Haute Autorité de Santé précise que cela «reste à évaluer», c'est pourquoi, estime-t-elle, «l'information des parents concernant le risque d'infertilité chez les descendants est nécessaire», in *Évaluation de fécondation in vitro avec micromanipulation (Intracytoplasmic sperm injection [ICSI]). Indications, coût-efficacité et risques pour la descendance*, décembre 2006, p. 112. La Haute Autorité de Santé précise au paragraphe «Risques spécifiques de l'ICSI»: «Ces risques sont pour la plupart suspectés, car limités par l'état des connaissances scientifiques actuelles. En effet, l'ICSI n'a fait l'objet que de très peu d'expérimentations animales préalables» (p. 103). La Haute Autorité en conclut à propos de plusieurs domaines relatifs à l'ICSI: «des études sont nécessaires», «à grandes échelles» (p. 111, 113, 141). Le rapport de la Haute Autorité de Santé «a mis en exergue la nécessité du suivi des enfants issus d'AMP, et tout particulièrement des enfants conçus par ICSI» (p. 141). Dans son Avis n° 75, le CCNE s'est interrogé sur ce suivi: comment peut-il être mis en place dans le respect, d'une part, du droit de l'enfant à être traité comme les autres et, d'autre part, du droit à la vie privée?

42. Avis n° 75 du 12 décembre 2002. Pour les deux difficultés éthiques, voir *supra* note 41. Le Comité conclut son avis ainsi: «Il semble bien qu'il faille garder actuellement à l'ICSI sa qualité de technique en dernier ressort et non pas en première instance en cas d'autre alternative raisonnable.» Quatre ans plus tard, la Haute Autorité de Santé, conclut son rapport en souhaitant «l'extension des indications de l'ICSI; le passage

En tout cas, le taux de réussite, la pratique de plus en plus courante de l'ICSI et les risques encourus par la stimulation ovarienne devraient inviter la société à réfléchir sur la conception générale de l'AMP. Ne pourrait-on pas parler d'un acharnement procréatif qui « privilégie à l'excès le désir d'une filiation biologique par rapport au droit d'un enfant »[43] ? Il serait souhaitable que le législateur, à l'occasion de la révision des lois de bioéthiques, élabore des réponses juridiques aux risques signalés dans le respect du principe de l'intérêt de l'enfant.

Même si la mission que lui a conférée le Premier ministre ne relève pas de l'évaluation des politiques publiques, on aurait aimé que, constatant lui-même les difficultés que rencontrent les techniques d'AMP, le Conseil d'État évoque à titre de solutions alternatives les recherches consacrées à la prévention de la stérilité et à son traitement, ainsi qu'à l'adoption dont il aurait pu, sans sortir de sa mission, étudier les possibilités d'assouplissement de la procédure[44]. Au total, les incertitudes et les risques ne condui-

---

plus rapide à l'ICSI en cas de qualité spermatique modérément altérée » (p. 133). Cette conclusion n'est-elle pas surprenante au regard des études encore « nécessaires » pour vérifier l'innocuité de l'ICSI ?

43. Cf. Comité Consultatif National d'Éthique, Conclusion de l'Avis n° 75 du 12 décembre 2002. Dans ce même Avis, le Comité s'interroge : « Le droit à la procréation, jusqu'où ? » Et il répond : « On assiste incontestablement à une dérive progressive de l'aide à la procréation, quelles que soient les circonstances, même si elle reste marginale. La médecine ne doit pas répondre à un désir d'enfant à n'importe quel prix, particulièrement si le prix à payer peut être celui d'une existence délibérément amputée de certaines de ses potentialités. Vouloir un enfant est le désir le plus légitime du monde. Cette légitimité n'existe et ne doit être prise en compte que si l'enfant est voulu pour lui-même et si son intérêt prime sur le seul désir de s'assurer une filiation génétique. »

44. Cf. *Propos pour un dialogue*, p. 85. Ne faudrait-il pas encourager les recherches sur les naprotechnologies ?

sent-ils pas à s'interroger sur la signification profonde de la procréation humaine qui ne peut être « dominée » par la technique ni être un pur projet rationnel ou biologique[45] ? Devant une infertilité constatée avec douleur, les techniques offrent immédiatement une alternative qui télescope bien des questions. Or, celles-ci méritent réflexion. D'une manière ou d'une autre, elles ne sont certainement pas

45. Sylviane Agacinski parle d'« anthropotechnie » grâce à laquelle « l'enfant lui-même peut devenir un produit fabriqué », *Corps en miettes*, p. 38. Les Instructions *Donum vitae* (22 février 1987) et *Dignitas personae* (8 septembre 2008) mettent en lumière cette domination de la technique : « Divers procédés permettent maintenant d'agir non seulement pour assister, mais aussi pour dominer les processus de la procréation. Ces techniques peuvent permettre à l'homme de "prendre en main son propre destin", mais elles l'exposent aussi "à la tentation d'outrepasser les limites d'une raisonnable domination de la nature". Si elles peuvent constituer un progrès au service de l'homme, elles comportent aussi des risques graves. Aussi beaucoup lancent-ils un urgent appel pour que soient sauvegardés, dans les interventions sur la procréation, les valeurs et les droits de la personne humaine. » (*Donum vitae*, I) « L'origine d'une personne est en réalité le résultat d'une donation. L'enfant à naître devra être le fruit de l'amour de ses parents. Il ne peut être ni voulu ni conçu comme le produit d'une intervention de techniques médicales et biologiques ; cela reviendrait à le réduire à devenir l'objet d'une technologie scientifique. Nul ne peut soumettre la venue au monde d'un enfant à des conditions d'efficacité technique mesurées selon des paramètres de contrôle et de domination. » (*Donum vitae*, II, §B, 4b) « La FIVETE homologue opérée en dehors du corps des conjoints, par des gestes de tierces personnes dont la compétence et l'activité technique déterminent le succès de l'intervention : elle remet la vie et l'identité de l'embryon au pouvoir des médecins et des biologistes, et instaure une domination de la technique sur l'origine et la destinée de la personne humaine. Une telle relation de domination est de soi contraire à la dignité et à l'égalité qui doivent être communes aux parents et aux enfants. La conception *in vitro* est le résultat de l'action technique qui préside à la fécondation ; elle n'est ni effectivement obtenue, ni positivement voulue, comme l'expression et le fruit d'un acte spécifique de l'union conjugale. » (*Donum vitae*, II, §B, 5, cité par *Dignitas personae* au n°17 qui l'applique à l'ICSI).

absentes des entretiens entre les couples et le psychologue dans le centre d'AMP.

Revisiter la notion de désir d'enfant et aussi celle de l'amour ?

Quelle est la valeur de l'amour entre l'homme et la femme qui va d'une personne à une autre personne ? Cet amour se ramène-t-il à un désir d'enfant, même en cas de stérilité médicalement constatée ? L'amour n'est-il pas d'abord désir de l'homme et de la femme l'un pour l'autre, désir qui est soif de la rencontre, de la communion et de don mutuel ? L'amour conjugal peut ainsi unir leurs dimensions spirituelle et charnelle. La fécondité de leur union amoureuse pourrait-elle se réduire à la production biologique d'un embryon ? Si la fécondité est d'abord la communion vécue dans l'amour de l'homme et de la femme, elle précède la venue de l'enfant, de telle sorte que cette venue reste toujours un don et un surcroît.

Dès lors, à quoi l'homme et la femme soumettent-ils leur amour quand, au nom précisément de leur amour et de leur désir d'enfant, ils choisissent le moyen de la technique non seulement pour l'union des gamètes masculin et féminin, considérés simplement comme deux cellules, mais aussi pour la conception de leur enfant ? Ne se placent-ils pas sous la domination matérielle de la technique dont la promesse de réussite risque d'être décevante et, par là-même, perturbante pour leur amour ? N'exposent-ils par leur amour à la fragilité en y introduisant un tiers anonyme par l'acceptation du don de gamètes ?

Plus généralement, pouvons-nous accepter sans réfléchir la médecine de la reproduction qui « a désexualisé l'origine »[46] ? L'efficacité technique est-elle la seule proposition qui réponde au désir d'enfant de couples dont la

---

46. L'expression est de Monette Vaquin, *art. cit.*, voir *supra* note 7, p. 12.

stérilité a été médicalement constatée ? La fécondité charnelle n'invite-t-elle pas en soi à une autre fécondité qui la transcende et l'enrichit, et qui pourrait leur être signalée ? Car un couple dont la stérilité est médicalement reconnue, malgré sa souffrance, n'est pas dépourvu de cette fécondité-là à laquelle il est appelé. L'adoption en est une illustration. La dignité de l'être humain et celle, spécifique, de l'amour conjugal conduisent à penser, comme les Évêques le rappelaient dans *Bioéthique. Propos pour un dialogue*, que « le mariage et la famille constituent le contexte authentique où la vie humaine trouve son origine »[47].

Allons plus loin, l'acte de « procréation » que posent ensemble l'homme et la femme n'est-il pas le « symbole » qui permet à l'intelligence humaine d'accéder à la compréhension de l'amour spécifique chez la personne humaine : il « est la vocation fondamentale et innée de tout être humain » et « embrasse le corps humain »[48]. Cet acte intègre en lui-même parenté et filiation : c'est l'acte libre par lequel l'homme et la femme – les époux – se donnent l'un à l'autre qui les rend père et mère l'un par l'autre, de telle sorte que la filiation est nécessairement donnée « d'en haut ». En effet, puisque la conception de l'enfant échappe à la maîtrise des parents (elle s'opère par eux, sans eux), ceux-ci ne peuvent prétendre à être son origine absolue. L'enfant vient de plus loin qu'eux et ce « plus loin » est une garantie de son inviolable dignité.

Par ailleurs, ne pouvoir être père et mère que l'un par

---

47. Cf. *Propos pour un dialogue*, p. 90.

48. Jean-Paul II, *Les tâches de la famille chrétienne* (22 novembre 1981), n° 11. À ce sujet, on peut lire les réflexions sur « la véritable nature de l'amour en général » unissant *eros* et *agapè*, de Benoît XVI, encyclique *Dieu est amour* (25 décembre 2005), n° 7.

l'autre, est une garantie qu'aucun des parents ne pourra revendiquer d'être à lui seul l'origine de l'enfant et ainsi s'attribuer un pouvoir exorbitant sur lui. En revanche, la remise de la production d'embryon à la maîtrise de la technique comporte le risque grave d'oublier que l'enfant est d'abord un don de la vie et de l'amour. Cette remise à la technique installe des parents, à leur insu, dans une position de maîtrise vis-à-vis de leur enfant ainsi conçu et donc d'hyper-responsabilité : puisqu'ils se sentent à l'origine de leur enfant, ils doivent prévenir tout mal et assurer à tout prix son bonheur. Leur position peut engendrer un souci démesuré de l'enfant et des culpabilités sans fin les empêchant de vivre pleinement l'amour l'un pour l'autre, foyer de leur véritable fécondité.

Ce n'est que dans l'acte conjugal que peuvent être intégrés harmonieusement parenté et filiation, donation et gratuité, liberté et consentement, esprit et chair, dignité et altérité. Certes, le cœur de l'homme est grevé par la passion et l'égoïsme. Mais la relation dans la double altérité homme/femme, parenté/filiation n'est-elle pas l'espace de croissance d'un amour qui sera d'autant plus lui-même qu'il intègrera de plus en plus harmonieusement chacune de ces facettes ? Car comment vraiment penser l'amour humain sans réunir chacune de ces facettes en un acte vivant et concret, digne et libre ?

V

UNE ÉVENTUELLE LÉGISLATION SUR LA MATERNITÉ POUR AUTRUI ?

L'indisponibilité du corps humain : un principe actuel ?

Accepter l'abandon d'enfant et l'instrumentalisation de la femme ?

Quelle filiation juridique ?

Solidité d'une loi nationale qui protège la dignité de l'enfant et de la femme ?

Dans sa lettre de mission du 11 février 2008, le Premier ministre demandait au Conseil d'État de procéder à l'examen de la question suivante : « la contrariété à l'ordre public des conventions de mères porteuses et la nullité de tous les actes qui en découlent pourraient-elles, dans certaines hypothèses exceptionnelles, faire l'objet de tempéraments ? »

Le Conseil d'État ainsi que les citoyens des États Généraux se prononcent pour le maintien de la prohibition de la maternité pour autrui. Ils adoptent la position prise par l'Office parlementaire d'évaluation des choix scientifiques et technologiques, le 20 novembre 2008, et par l'Académie de médecine, le 10 mars 2009[1]. Le Conseil d'État apporte des précisions intéressantes[2]. Avant de les aborder, il est important de rappeler le principe fondamental qui guide la réflexion du Conseil d'État, à savoir l'indisponibilité du corps humain.

---

1. Pour l'Académie de médecine, la gestation pour autrui « inaugure une rupture entre, d'une part, la grossesse et l'accouchement, d'autre part, la filiation, rupture qui remet fondamentalement en cause le statut légal, anthropologique et social de la maternité et suscite de vives réserves éthiques au sein de l'Académie », Rapport de l'Académie de médecine du 10 mars 2009, p. 27.

2. Cf. *Étude*, pp. 60-66. N'est pas distinguée ici la « procréation pour autrui » qui concerne la pratique où la mère porteuse donne aussi son ovocyte et donc son patrimoine génétique, de la « gestation pour autrui » relative à la pratique où la mère porteuse reçoit l'embryon humain. Dans les deux cas, les problèmes éthiques de l'abandon d'enfant et du non respect de la dignité de la femme sont identiques, même si des précisions spécifiques pourraient être apportées selon l'une ou l'autre situation.

L'indisponibilité du corps humain : un principe actuel ?

Le Conseil d'État ne consacre pas un chapitre spécifique au principe d'indisponibilité du corps humain[3]. Il ne faut pas s'en étonner, car, d'une part, la lettre de mission du 11 février 2008 ne l'avait pas invité à le faire et, d'autre part, ce principe ne figure pas expressément dans la loi. Le Rapport des États généraux n'en traite pas non plus explicitement.

Le Conseil d'État aborde l'indisponibilité du corps humain à propos de la prohibition de «la gestation pour autrui»[4]. Il rappelle les principes juridiques qui fondent cette interdiction : d'une part, l'indisponibilité de l'état des personnes, en vertu duquel «la qualité de mère ou de père d'un enfant ne saurait se déduire des termes d'un contrat», et, d'autre part, l'indisponibilité du corps humain qui «rend illicite toute convention sur le corps humain (ou ses éléments), que ce soit en vue d'un prêt, d'une location ou d'un don».

Le Conseil d'État valide ainsi la cohérence intellectuelle qui va du principe d'indisponibilité du corps humain à la prohibition des mères porteuses. Ce principe traduit «l'unité de la personne et de son corps», précise Bertrand Mathieu qui poursuit : «selon la conception unitaire de la personne physique, le corps n'est pas dissociable de l'être ou du sujet.»[5]

De ses analyses, le Conseil d'État déduit la nécessité de «ne pas légaliser la gestation pour autrui»[6]. De même,

---

3. Sur le principe de l'indisponibilité du corps humain, voir *Propos pour un dialogue*, pp. 69-82.

4. Cf. *Étude*, pp. 60-63.

5. Cf. *La bioéthique*, p. 109.

6. Cf. *Étude*, p. 63.

selon le Rapport des États Généraux, les citoyens expriment un refus net de toute « instrumentalisation » du corps humain, en particulier du corps de la femme, qui doit être « protégé » ; c'est pourquoi ils « se sont prononcés unanimement contre la légalisation en France de la gestation pour autrui »[7].

L'indisponibilité du corps humain dit de manière pratique, juridique, symbolique le statut radicalement différent du corps habité par un être personnel de tout autre corps animal. La dignité humaine se donne dans un corps qui en est l'expression. Le corps est habité, il manifeste l'invisible de l'esprit tout en le voilant. Telle est sa pudeur. Le corps personnel ne peut jamais être réduit à de la matière puisqu'il est d'abord vécu de l'intérieur. Il est porteur de l'invisible et, pour cette raison, peut susciter le désir. Cette intériorité du corps en laquelle l'homme est présent à lui-même constitue son être d'esprit. C'est ainsi que l'homme peut se rendre présent au monde sans s'identifier à lui. L'esprit s'éprouve dans un corps et jamais hors de lui. Il est donc impossible de défendre la dignité humaine sans défendre celle du corps. C'est tout l'enjeu du principe rappelé par le Conseil d'État de « l'indivisibilité du corps et de l'esprit » qui fonde l'indisponibilité du corps humain. Une telle compréhension s'accorde avec la tradition chrétienne la plus authentique selon laquelle l'être humain est « *corpore et anima unus* »[8]. Ces indications sont instructives

---

7. *Rapport*, p. 43.

8. CONCILE VATICAN II, constitution sur l'Église dans le monde de ce temps, *Gaudium et spes* (7 décembre 1965), n° 14 qui poursuit : « Il est donc interdit à l'homme de dédaigner la vie corporelle. Mais, au contraire, il doit estimer et respecter son corps qui a été créé par Dieu et qui doit ressusciter au dernier jour. (…) En vérité, l'homme ne se trompe pas lorsqu'il se reconnaît supérieur aux éléments matériels et qu'il se considère comme irréductible, soit à une simple parcelle de la nature, soit à un

sur le respect dû à l'être humain en son corps et sur ce qu'il est en soi dans la société et dans la nature.

Accepter l'abandon d'enfant et l'instrumentalisation de la femme ?

Le Conseil d'État, tout en prenant acte « des situations de détresse vécues par certains couples dont la stérilité ne peut être surmontée par la voie de l'assistance médicale à la procréation », se prononce contre une éventuelle légalisation de la pratique des mères porteuses, en rappelant les inconvénients majeurs qu'elle suscite.

Conformément à sa position de principe constante, le Conseil d'État fonde son avis sur l'intérêt de l'enfant. Or, la gestation pour autrui contient le risque que le processus soit vécu par lui « comme un abandon, avec des conséquences importantes pour son développement psychique et pour la construction de son identité ». Or, précise le Conseil d'État, « de nombreuses études suggèrent que le lien mère-enfant se construit dès avant la naissance ».

Une deuxième objection est tout aussi sérieuse : la gestation pour autrui « laisse place à l'idée que l'enfant à naître

---

élément anonyme de la cité humaine. Par son intériorité, il dépasse l'univers des choses : c'est à ces profondeurs qu'il revient lorsqu'il fait retour en lui-même où l'attend ce Dieu qui scrute les cœurs et où il décide personnellement de son propre sort sous le regard de Dieu, Ainsi, lorsqu'il reconnaît en lui une âme spirituelle et immortelle, il n'est pas le jouet d'une création imaginaire qui s'expliquerait seulement par les conditions physiques ou sociales, bien au contraire, il atteint le tréfonds même de la réalité. » « Le corps de chaque personne, avec l'esprit qui est donné de façon singulière à chacun, constitue une unité indissociable sur laquelle est inscrite l'image de Dieu même », précise Benoît XVI, le 7 novembre 2008 dans son discours à l'Académie Pontificale pour la Vie.

est, au moins pour partie, assimilable à un objet de transaction» et «sa légalisation consacrerait la notion de “droit à l’enfant”, notion à laquelle le législateur de 1994 et 2004 s’est fermement opposé».

Une troisième objection concerne la mère porteuse: «la gestation pour autrui n’est pas sans danger pour la mère porteuse», et pour «ses autres enfants, témoins de la remise de leur “frère ou sœur à un autre couple”». En effet, la gestation pour autrui ne peut pas «être assimilée à une simple “location d’utérus” car elle engage en réalité ensemble le corps et le psychisme de la femme gestatrice et peut avoir des répercussions pour elle bien au-delà du temps de la gestation».

Une quatrième objection concerne la «dérive financière» et l’ambiguïté de la notion d’«indemnité raisonnable» puisqu’«on ne peut exclure les rémunérations indirectes (dons en nature, cadeaux, etc.), dont le contrôle, fût-ce par un juge, est impossible à mettre en œuvre». Finalement, «c’est le principe de non-patrimonialité du corps humain qui est mis en échec, principe qui est un gage de protection des plus faibles», et il «est très probable que ce seront les femmes les plus démunies et les plus vulnérables économiquement qui se proposeront pour remplir l’office de mères de substitution». Même dans le cercle familial, «on peut craindre l’apparition de pressions affectives et familiales qui, dans certains cas, ne seraient pas, pour les femmes concernées, moins aliénantes que des pressions d’ordre financier».

Le Conseil d’État relève enfin que l’«autorisation de la gestation pour autrui pour raisons médicales ouvrirait [...] la voie à une évolution difficile à circonscrire», notamment en ce qui concerne «l’indication médicale de la gestation pour autrui», avec «le risque d’un glissement vers une pratique de convenance, puisqu’il est impossible d’affirmer *a priori* qu'une grossesse sera sans danger pour la santé de la mère ou celle de l'enfant à naître. Dès lors, certaines femmes, qui trouveraient préférable de faire porter leur enfant par une autre, pourraient avoir la possibilité de légitimer leur démarche».

Le Conseil d'État conclut que la «prise en considération de l'intérêt de l'enfant et de la mère porteuse, principes fondamentaux qui sous-tendent l'interdiction actuelle, conduisent donc à recommander de ne pas légaliser la gestation pour autrui».

Le Conseil d'État fait preuve de sagesse. Aux objections qu'il présente avec justesse, pourrait s'ajouter l'insoluble dilemme auquel seraient exposés les protagonistes d'une gestation pour autrui au cas où les parents d'intention abandonnent leur projet parental ou au cas où la mère porteuse souhaite avorter, à moins que ce soit les parents d'intention qui souhaitent que la mère porteuse subisse l'avortement de leur enfant. Il faut aussi se souvenir des objections tirées de l'Antiquité romaine et de la Bible juive et chrétienne: la mère porteuse est une «esclave». Sylviane Agacinski s'élève fortement contre ce «niveau extrême d'aliénation»[9] des temps modernes. La tradition chrétienne n'a jamais avalisé la gestation pour autrui, la reconnaissant comme totalement indigne de la femme. La lecture du texte biblique, dans le respect des règles herméneutiques qui lui sont propres, appelle à retenir l'interjection: «Est-ce que je tiens la place de Dieu qui t'a refusé la maternité?» (*Genèse* 30,2). Cela signifie que la situation de femmes fertiles mais incapables de porter un enfant, comme tant d'autres situations

9. Cf. *Corps en miettes*, p.98. L'Espace Éthique Amiens Picardie s'interroge à propos de la «grossesse pour autrui»: «Comment ne pas tomber dans un pseudo-esclavagisme sans le savoir?», in *Rapport-Annexe*, p.38.

douloureuses, ne peuvent être considérées comme des injustices. Elles appellent la compassion qui est chemin de bienveillance et de raison.

Suscitant des «risques anthropologiques» incontrôlés, la gestation pour autrui ne peut être qu'une régression de la société. Elle dénie le principe de dignité et admet une nouvelle forme d'esclavage en exigeant la désappropriation complète du corps d'une femme qui s'interdit de devenir mère en portant un enfant pendant neuf mois. On a parlé à ce sujet du «syndrome du sac vide» qui affecte la mère porteuse[10].

La légalisation de la gestation pour autrui introduirait un bouleversement anthropologique radical. Il ne serait plus certain que la femme qui accouche soit mère. La filiation deviendrait doublement illisible: d'une part, la dissociation entre la filiation génétique et la filiation affective serait opérée, entraînant des situations insolubles; d'autre part, la filiation paternelle serait la seule à pouvoir être reconnue du point de vue social et juridique.

---

10. Cf. Myriam SZEJER et Jean-Pierre WINTER, «Les maternités de substitution», in *Bioéthique. Du début à la fin de vie, Études*, Hors-série, 2009, pp. 49-60. Aux pages 57-58, les auteurs s'interrogent et répondent: «Comment une femme enceinte d'un enfant peut-elle dire que cela ne la fait pas souffrir d'avoir le projet de l'abandonner à la naissance? À cette question la psychanalyse peut fournir une réponse éclairante. Le moyen de défense utilisé pour y parvenir est la dénégation. (...) La dénégation de la souffrance de ces femmes vient de celles et ceux qui soutiennent le procédé. Ils l'appliqueront à ces bébés conçus pour être abandonnés. C'est l'opération qui permettra aux différents protagonistes de militer pour la légitimation de ces pratiques. Ils en dénieront la violence au profit des bons sentiments à l'égard des couples infertiles. Cette auréole est le mirage qui séduit l'opinion publique.»

Quelle filiation juridique ?

Après avoir exprimé sa position, le Conseil d'État recherche quelles règles pourraient déterminer la filiation des enfants nés, en France ou à l'étranger, d'un recours illégal à la maternité pour autrui. Il constate que l'établissement de la filiation paternelle « ne devrait pas, malgré les incertitudes jurisprudentielles, créer de difficulté », le père se trouvant « dans une situation similaire à celle du père d'un enfant né hors mariage ». Effectivement, l'homme du couple demandeur de l'enfant est en général l'ascendant « biologique » et, quand bien même il ne le serait pas, il peut toujours reconnaître l'enfant dont la filiation paternelle est établie comme une filiation paternelle hors mariage « classique ». Comme la preuve de la paternité en droit français se fait par l'établissement du lien de filiation sans que la véracité biologique soit soumise à vérification, il suffit que la reconnaissance effectuée par l'homme du couple demandeur ne soit pas contestée pour que sa paternité soit légalement établie.

Le « problème tient [...] principalement à la reconnaissance de la "mère d'intention" ». En effet, en droit français la mère est la femme qui accouche de l'enfant, en l'occurrence la mère porteuse. Il n'est possible par aucun moyen d'établir de lien de filiation entre la femme demandeuse, qui n'a pas mis l'enfant au monde, et ce dernier : ni par possession d'état, ni par déclaration dans l'acte de naissance (ce serait une supposition d'enfant), ni par reconnaissance, ni même par adoption. Recourir à la filiation adoptive serait détourner l'adoption de son but premier et le plus moralement légitime qui est moins de donner un enfant à des parents que des parents à un enfant.

Se référant à l'évolution des droits successoraux des enfants adultérins, le Conseil d'État passe en revue plusieurs moyens juridiques procédant tous de l'idée que l'enfant né d'une gestation pour autrui ne doit pas subir un préjudice dû aux conditions de sa naissance dont il n'est évidemment pas responsable. Il s'agit ici de «permettre d'assurer aux enfants une certaine sécurité de la filiation» en admettant soit «une sorte de "filiation putative" (en comparaison avec l'institution du mariage putatif admis par le droit français : en vertu de l'article 201 du Code civil, un mariage déclaré nul peut malgré tout produire ses effets s'il a été contracté de bonne foi)», soit «une possibilité pour la mère d'intention d'engager une procédure d'adoption, impossible en l'état du droit»[11].

Solidité d'une loi nationale qui protège la dignité de l'enfant et de la femme ?

Le Conseil d'État ne retient aucune de ces solutions car elles auraient «pour point commun de créer une profonde incohérence juridique par rapport à la prohibition de la gestation pour autrui en droit interne. Elles

---

11. Le Conseil d'État envisage aussi d'«autoriser l'inscription en marge de l'acte de naissance de l'enfant d'une mention relative au jugement étranger qui a reconnu la mère d'intention comme mère», en attachant à cette inscription le «seul effet d'éviter qu'en cas de décès de la mère, une procédure d'adoption plénière par un tiers puisse priver les parents de la mère d'intention de tout lien avec l'enfant (cette inscription aurait pour effet de permettre une adoption simple mais non plénière)». Cette mesure témoigne que le Conseil d'État, en dépit de la prohibition légale, se soucie du sort des enfants nés de mères porteuses. Elle est cependant un décalque assez déroutant des règles du droit commun qui reconnaissent le droit des grands-parents à entretenir des relations avec leurs petits-enfants. En effet, si l'objectif d'une telle proposition est de pourvoir l'enfant d'une filiation maternelle, les parents de la mère d'intention (les grands parents de l'enfant) au cas où celle-ci décède, ne pourraient-ils pas alors s'opposer à l'adoption de l'enfant par la nouvelle conjointe du père ? Cet exemple montre que tout aménagement juridique ne pourra établir une filiation juridique cohérente de l'enfant.

conduiraient en effet à reconnaître des effets juridiques à une situation que le législateur a formellement interdite. En privant d'une partie de ses effets l'interdiction de la gestation pour autrui, on prendrait le risque de faciliter des pratiques jugées contraires au respect de la personne humaine, qu'il s'agisse de la mère gestatrice ou de l'enfant »[12]. Il ne peut pas plus être envisagé d'« admettre une forme de régularisation au bénéfice des couples ayant eu légalement recours à une gestation pour autrui à l'étranger sans autoriser la même pratique pour les "parents d'intention" qui auraient recouru illégalement à la gestation pour autrui en France », car cela « créerait une injustice entre les enfants élevés par des couples ayant eu les moyens de se rendre à l'étranger et les enfants élevés par ceux qui n'auraient pu le faire ». Cela ruinerait non seulement la fonction juridique de l'interdit mais aussi sa valeur « symbolique ».

De fait, « régulariser » la situation des enfants nés de mères porteuses priverait la protection légale de son efficacité. En effet, la loi prohibe la maternité pour autrui pour protéger les enfants et les mères porteuses. Or, s'il est possible de régulariser la situation d'enfants nés d'une gestation pour autrui pratiquée en violation de la loi, la prohibition cesse d'être dissuasive et la loi ne remplit plus efficacement sa fonction protectrice. Régulariser la situation de tel enfant particulier peut sembler conforme à son intérêt ; en réalité, cela desservirait l'intérêt de l'enfant en général en privant la protection légale de son efficacité[13].

---

12. Cf. *Étude*, p. 66.

13. Voir à ce sujet l'analyse d'Aude Mirkovic dans *La semaine juridique*, édition générale, n°26, 22 juin 2009, pp. 17-19, et dans « Maternité de substitution », in *Dictionnaire Permanent Bioéthique et Biotechnologies*, Éditions législatives, septembre 2009.

Le Conseil d'État recommande donc le maintien de l'impossibilité juridique d'établir un lien de filiation entre l'enfant et la femme demandeuse, eu égard à l'incohérence qui résulterait de l'établissement d'une telle filiation. Il envisage seulement quelques « solutions ponctuelles » permettant de « pallier les difficultés pratiques des familles, sans modifier les règles relatives à la filiation ». En particulier, « la mère d'intention pourrait bénéficier, à la demande du père, d'un jugement de délégation avec partage de l'autorité parentale (art. 377 du Code civil) ». Effectivement, l'autorité parentale peut être partagée avec un tiers pour les besoins de l'éducation de l'enfant.

Mettant en avant l'éthique, les citoyens estiment simplement que « la France est un pays souverain qui ne doit, en aucun cas, se soumettre à la pression européenne et internationale en matière d'éthique ; elle doit garder sa propre législation »[14]. Il n'y aurait aucun retard à ne pas légaliser la gestation pour autrui mais plutôt le maintien d'un progrès éthique. Au contraire, sa pratique est une régression éthique puisqu'elle asservit la liberté d'une femme et fait fi du respect le plus élémentaire dû à l'enfant né qui a le droit de ne pas être abandonné. Le droit français serait pris dans une incohérence interne inextricable en instituant et en organisant l'incitation d'abandon de l'enfant né.

14. *Rapport*, p. 130.

VI

LA MÉDECINE PRÉDICTIVE

Mieux informer en amont pour éviter une société de méfiance ?

Ne faut-il pas renforcer la protection des personnes ?

Ne faut-il pas mieux protéger l'état de filiation ?

Les tests génétiques ont des applications diverses[1]. Ils visent à connaître certaines caractéristiques génétiques d'une personne soit dans le cadre de la prévention d'une maladie ou de l'information du risque d'une maladie, soit dans le cadre d'une recherche scientifique pour identifier les déterminants génétiques associés à un phénotype, soit encore dans le cadre d'une recherche de preuve servant à identifier une personne. Ces tests peuvent fournir des indications sur les risques potentiels d'une ou de plusieurs maladies. C'est pourquoi, ils peuvent être réalisés dans le cadre d'une médecine dite «prédictive».

Ces tests – non obligatoires – ont des conséquences souvent ignorées de ceux qui les demandent. Le souci majeur du Conseil d'État, qui est partagé par les citoyens des États Généraux, porte sur une meilleure information en vue de mieux protéger les personnes et l'exercice de leur liberté et de leur responsabilité. Cependant, la question spécifique de la vulnérabilité des personnes n'est pas traitée. Or, elle soulève des interrogations éthiques particulières en matière d'information complète et de protection. Si le fait d'être mineur ou malade rend vulnérable, le fait de recevoir directement les propositions de tests par internet est aussi une source de vulnérabilité.

1. Voir *Propos pour un dialogue*, pp. 115-120.

Mieux informer en amont pour éviter une société de méfiance ?

Le Conseil d'État énumère les conditions qui guident la réalisation des tests génétiques : « consentement exprès », « information complète sur les résultats », « non-discrimination et non-stigmatisation en raison des caractéristiques génétiques »[2]. Mais surtout, il constate que l'état actuel de la recherche génétique permet d'obtenir à l'occasion d'un test des données multiples excédant largement la demande initiale. Il souhaite en conséquence que « la personne soit systématiquement informée » de l'éventualité d'une acquisition de « multiples informations sur ses caractéristiques génétiques » autres que celle recherchée[3]. Il recommande également que, dans le cadre de l'établissement de règles de bonne pratique, non seulement la personne soit informée « le plus en amont possible », mais que les praticiens proportionnent la prescription des tests au « bénéfice attendu pour la personne concernée » ainsi qu'à « la fiabilité et de la valeur prédictive des tests »[4].

La restitution du débat des citoyens fait apparaître une grande défiance à l'égard des tests prédictifs, de leur utilité et de leur portée. Ils insistent afin que tout soit mis en œuvre pour « favoriser les conditions d'exercice d'un jugement autonome, permettre une prise de décision éclairée »[5]. Ils « relativisent la portée du déterminisme génétique, tout en s'interrogeant sur la fiabilité des tests génétiques ». Ils « accordent aux facteurs environnementaux une importance au moins aussi grande qu'aux facteurs génétiques

2. Cf. *Étude*, p. 68.
3. Cf. *Étude*, p. 68.
4. Cf. *Étude*, p. 71.
5. *Rapport*, p. 50.

dans le développement et la construction de la personne». Ils sont inquiets de «l'usage dévoyé des tests prédictifs». Ils «craignent que l'augmentation des capacités prédictives, en permettant de désigner par avance ceux qui tomberont malades, ne porte atteinte au principe d'égalité et de solidarité entre les individus. Ils prônent en ce sens l'interdiction absolue de communiquer les tests génétiques à une autre personne que le patient concerné, son médecin et éventuellement sa parentèle»[6].

L'étude du Conseil d'État et le rapport des États Généraux abordent le sujet délicat de l'information de la parentèle quand le diagnostic révèle une anomalie génétique chez un individu. La loi actuelle fait dépendre cette information de la volonté du patient à qui elle donne la faculté de la confier à l'Agence de la biomédecine s'il ne souhaite pas y procéder lui-même; mais cette faculté n'a pu être mise en œuvre faute de décrets d'application.

«Les citoyens ne demandent nullement la levée du secret médical: ils souhaitent que le patient soit accompagné, aidé par le médecin dans la difficile démarche de partage d'informations médicales». Ils se font «une haute idée de la responsabilité» du patient qui, «n'informant pas sa parentèle, en cas de maladie grave et incurable, engage sa responsabilité»[7].

Le Conseil d'État ne s'engage pas non plus dans la voie d'une remise en cause du secret médical contre le gré du patient, ce qui «pourrait affaiblir la relation de confiance entre le médecin et son patient»[8]. Encore une fois, il demande que le patient soit informé en amont sur «les conditions d'information aux apparentés» potentiel-

6. *Rapport*, p.49.

7. *Rapport*, p.50.

8. Cf. *Étude*, p.74.

lement concernés par le diagnostic d'une maladie génétique grave[9]. Il suggère que soit ouverte la possibilité d'un recours de droit commun en responsabilité civile sur le fondement d'un préjudice causé par la non transmission d'informations concernant une maladie héréditaire, uniquement dans le cas où une prévention ou un traitement était possible[10].

Une telle possibilité juridique d'engager la responsabilité civile poserait de grands problèmes insuffisamment abordés par le Conseil d'État. Ne risque-t-elle pas d'avoir un effet contraire au but médical recherché, comme de dissuader une partie de la population de participer à ces tests ? Et si ces tests deviennent une pratique médicale courante, ne risquent-ils pas d'être perçus par l'opinion comme « obligatoires » ? Quelle conduite adopteront alors les personnes ? Ne courrons-nous pas le risque d'édifier une société de méfiance les uns envers les autres, et à l'intérieur même du réseau familial ? Les débats qui ont eu lieu sur le diagnostic du VIH devraient être étudiés pour comprendre les choix qui ont finalement primé dans ce domaine.

Pour qu'une réparation soit obtenue en cas d'un dommage résultant de la non transmission d'une information génétique, d'autres questions demeurent : qui établira la liste des maladies héréditaires ? Quels moyens de prévention seront pris en compte ? Qu'appellera-t-on prévention lorsqu'il s'agira d'une affection incurable vis-à-vis de laquelle aucune action médicale n'est envisageable ? Y fera-t-on entrer la « prévention » de la naissance d'enfants atteints de l'affection en cause ? Mais alors, la naissance de ces enfants serait-elle considérée comme un préjudice

9. Cf. *Étude*, p. 74.

10. Cf. *Étude*, p. 75.

pour eux, en contradiction avec la loi du 4 mars 2002 ? La pratique des tests génétiques ne va-t-elle pas augmenter les occasions de recourir à l'IMG, avec le risque d'une dérive eugéniste accrue ? La sagesse engagerait plutôt à prévoir des dispositions facilitant l'information de la parentèle par la personne concernée, sans faire de cette information une obligation juridique et en se fondant sur le principe du respect de la vie privée. Ce respect engendre la confiance grâce à laquelle quelqu'un peut, comme le souhaitent les citoyens, être « aidé » et « accompagné » pour qu'il puisse informer sa parenté[11].

Les citoyens estiment avec sagesse que « la protection de la liberté individuelle représente un principe majeur des lois de bioéthique : liberté de demander ou non un test génétique, liberté de connaître ou non les résultats de ce test »[12].

---

11. « Le principe de respect de la vie privée a fait l'objet d'une reconnaissance tardive par le Conseil constitutionnel », écrit Bertrand Mathieu. Il « est, en fait, un principe dérivé du principe de liberté personnelle. Sa protection est relativement faible dans la jurisprudence du Conseil. Or l'évolution des moyens de communication, notamment informatiques, les risques que fait courir à l'individu une connaissance toujours plus précise de ses actes par l'intermédiaire des traces informatiques qu'il laisse, mais aussi de son intimité, du fait du développement prévisible des tests génétiques, font peser des menaces particulièrement lourdes sur la vie privée de chacun », *La bioéthique, op. cit.*, p. 55. Outre la vie en famille, cela touche l'emploi, l'assurance, la possibilité de prêt bancaire, etc… Sans doute parce qu'il n'a pas été suffisamment prêté attention au principe du respect de la vie privée, la Chambre des Lords, rapporte Bertrand Mathieu, a exprimé son inquiétude en février 2009 en estimant que la Grande Bretagne entrait dans une « société de surveillance ». Voir l'ensemble du paragraphe « Le respect de la vie privée », in *La bioéthique, op. cit.*, pp. 55-59.

12. *Rapport*, p. 50. Le Conseil d'État rappelle également que le patient a le droit de demander à « ne pas savoir », in *Étude*, p. 68.

Ne faut-il pas renforcer la protection des personnes ?

Dans le souci de « la protection de la personne pour laquelle un test est réalisé », le Conseil d'État note qu'aucune disposition législative n'impose actuellement la vérification de la « validité » et de l'« utilité clinique » des tests génétiques avant leur commercialisation, qui est seulement subordonnée à la délivrance d'un certificat de performance et de sécurité délivré par le fabricant ou par un organisme tiers. Il propose, dans l'attente d'une nouvelle directive européenne, un « régime d'autorisation de mise sur le marché, assorti de sanctions, similaire à celui qui existe pour les médicaments ». Mais il limite sa proposition aux seuls tests qui « posent les questions les plus sensibles de santé publique et de protection de la personne »[13]. Quelle autorité sera alors habilitée à juger de la pertinence pour un test – « délivré sur prescription médicale uniquement » – de passer par la procédure d'AMM ?

L'Étude du Conseil d'État et le Rapport des États Généraux soulignent les risques de l'utilisation des tests génétiques en libre accès via internet. À ce sujet, le Conseil d'État rappelle les objectifs juridiques que doit poursuivre leur réglementation (« définir des garanties de protection de la personne, notamment contre un usage du test à son insu, et de confidentialité des résultats » obtenus par le test[14]) et exprime le vœu que ces objectifs soient repris par le directive européenne en cours d'élaboration.

« Mais, estime le Conseil d'État, c'est avant tout par l'information et l'éducation sanitaire que les citoyens » seront davantage protégés. Il propose « l'élaboration d'un

---

13. Cf. *Étude*, p. 70.

14. Cf. *Étude*, p. 71.

référentiel» permettant à un large public d'être informé sur la validité scientifique, l'utilité, la fiabilité et la valeur prédictive des tests qu'ils peuvent trouver sur internet. Ce réseau d'information devrait être au moins national voire européen[15].

Selon une inspiration voisine, les citoyens «recommandent la création, sous l'égide du ministère de la santé, d'un site internet sur les tests génétiques suffisamment référencé pour apparaître au premier plan dans les résultats des moteurs de recherche. Ce site devrait notamment informer le grand public sur le degré de fiabilité des différentes sortes de tests et rappeler très explicitement la nécessité de l'accompagnement thérapeutique dans la réalisation d'un test»[16].

Au sujet des examens génétiques à des fins de recherche scientifique, le Conseil d'État tente de proposer une solution au problème de la requalification vers une nouvelle «recherche génétique sur des tissus ou des cellules déjà prélevés» et stockés pour la recherche ou pour le soin. Le principe «fondamental» «de l'exigence du consentement préalable» et «exprès» à cette nouvelle recherche demeure. Cependant les difficultés (déménagements, décès...) de retrouver un participant à la recherche et d'obtenir son consentement dans le cadre de nouvelles analyses génétiques, sont soulignées. Il s'agit «avant tout» de «protéger les personnes contre des recherches permettant leur identification».

Dans ce but, le Conseil d'État propose que les chercheurs aient l'obligation de tenter de retrouver la personne et de l'informer «préalablement de la recherche envisagée» de telle sorte qu'«en l'absence d'opposition expres-

15. Cf. *Étude*, p.72.

16. *Rapport*, pp.50-51.

sément formulée» de sa part, ils puissent alors mener leur recherche. Pourquoi ne pas exiger le recueil de l'expression d'un consentement donné expressément et librement ? Ne devrait-il pas être demandé au même moment à la personne si elle souhaite connaître le résultat de la recherche «en cas de diagnostic d'une anomalie génétique grave» ? De même, il faudrait que la personne comprenne à ce moment-là aussi les questions auxquelles elle s'expose au sujet de l'information donnée à la parentèle.

S'il est «impossible de retrouver la personne concernée», le projet de recherche sera soumis à un Comité de protection des personnes (CPP) qui «veillera au respect des règles relatives à l'information préalable des personnes concernées et à l'expression de leur volonté»[17]. Dans ce cas où il est impossible de retrouver la personne, «aucune obligation ne pèsera sur l'équipe de recherche en termes d'information de la parentèle».

En revanche, le Conseil d'État ne propose pas de «rendre anonyme de façon irréversible» des échantillons biologiques. Cela irait en effet contre «l'intérêt pour la recherche» qui a besoin de «réexaminer les éléments du dossier de la personne»[18]. Ici, l'intérêt de la recherche ne risque-t-il pas de prédominer sur la protection des personnes ? Certes, la personne peut bénéficier des avancées de la recherche en question. Son consentement exprès demeure la clef de sa protection. Mais si les échantillons étaient rendus anonymes, cela ne permettrait-il pas de résoudre un certain nombre de questions éthiques et de risques pour les personnes concernées par ces recherches ? Sans qu'elle soit une obligation, la levée de l'anonymat devrait pouvoir être envisagée dans de tels cas par les équipes de recherche et les CPP.

---

17. Cf. *Étude*, p.81.

18. Cf. *Étude*, p.81.

Enfin, bien que le Conseil d'État ne soulève pas ce cas, il est important de prendre en considération les personnes qui étaient mineures quand leurs parents ont permis un prélèvement et qui seraient devenues adultes lors de la requalification de la recherche.

Ne faut-il pas mieux protéger l'état de filiation ?

Le Conseil d'État aborde enfin la question de l'identification des personnes par empreinte génétique. Ce faisant, il touche la délicate question des approches contemporaines de la filiation d'une part, protégée par « les principes de stabilité et d'indisponibilité » et, d'autre part, soumise à des « attentes contradictoires » – d'ailleurs fluctuantes au gré des circonstances – entre ceux qui privilégient la « filiation affective » et ceux qui se fondent sur la « filiation génétique »[19]. Le Conseil d'État examine avec soin toutes les situations. Il en conclut qu'il semble juste de maintenir la législation française qui est stricte au sujet des tests de paternité et établie « dans un but de sécurisation du lien de filiation » : « On voit que, dans les litiges successoraux ou relatifs à l'assurance-vie, les effets patrimoniaux qui s'attachent à la reconnaissance de la filiation ne peuvent être traités pour eux-mêmes et dissociés de la revendication de l'état consistant à être fils ou fille d'un défunt »[20].

Le Conseil d'État redoute une « dérive vers la biologisation de la filiation, avec ce qu'elle comporte d'insécurité pour les filiations établies »[21]. Il se méfie des « tests sauvages » qui, bien que proposés illégalement, peuvent établir en fait

---

19. Cf. *Étude*, p. 83.

20. Cf. *Étude*, p. 86.

21. Cf. *Étude*, p. 86. Le Conseil d'État rappelle l'affaire « Montand » et évoque la formule du Parlement : « faire prévaloir la paix des morts sur les excès de la "vérité" génétique. »

une ascendance biologique. Certes, le juge ne pourrait retenir des tests réalisés illégalement comme moyen de preuve juridique, mais la « vérité biologique » qu'ils procurent serait bel et bien connue et provoquerait peu ou prou des tensions inextricables au sein des familles.

Le Conseil d'État imagine l'éventualité suivante : le juge, avec l'accord des deux intéressés (ou de leur représentant légal), pourrait autoriser des tests visant à connaître l'origine biologique dès lors que cette autorisation ne serait pas demandée dans le cadre d'une action en établissement de la filiation. Mais il estime que ce système juridique ne serait pas tenable. Le seul système juridique alternatif cohérent consisterait à permettre le recours au test à tout moment de la vie, sous contrôle du juge, et à prévoir que la preuve ainsi apportée entraînerait la modification de l'état civil. Il en conclut aussitôt qu'« il s'agirait là d'un changement radical de philosophie qui réduirait considérablement la portée de la possession d'état »[22], c'est-à-dire de la filiation établie et vécue.

Cette problématique montre à quel point une information complète doit être donnée aux couples qui demandent une AMP avec donneurs. La dissociation entre filiation affective et filiation biologique demeure une question qu'il serait vain de laisser dans l'ombre. Alors que le Conseil d'État rappelle « l'indivisibilité du corps et de l'esprit », n'aurait-il pas dû pousser sa réflexion plus loin sur cette dissociation ? Celle-ci respecte-t-elle la dignité humaine ? Est-elle compatible avec l'intérêt supérieur de l'enfant à naître ? C'est elle qui fait apparaître la notion de « filiation biologique ». Mais que recouvre cette notion ?

L'homme et la femme ne sont pas purement des « géniteurs ». Du simple point de vue génétique, on sait que le

---

22. Cf. *Étude*, p.87.

patrimoine de l'enfant est une combinaison unique et aléatoire de ceux de ses géniteurs, de telle sorte que l'enfant n'est jamais leur produit. Par ailleurs, si la science décrypte le biologique, il lui manque l'essentiel : le niveau de la personne. Entre père, mère et enfant se nouent des relations interpersonnelles qui sont appelées à se développer à partir d'un moment singulier, celui où l'enfant paraît. À cet instant, l'homme est sommé de dire une parole de reconnaissance par laquelle il accueille l'enfant comme sien. Il ne peut s'agir que d'une re-connaissance, car l'enfant est déjà là dans sa dignité irréductible. L'homme reconnaît celui qui est déjà connu intérieurement par la femme qui est sa mère. Par là, l'homme reconnaît aussi la femme comme mère et confirme que l'enfant vient de leur amour. D'une certaine manière, toute paternité et toute maternité sont adoptives, car accueillantes d'un enfant qu'elles n'ont ni produit ni choisi dans sa singularité imprévisible. Sa filiation s'inscrit dans leur accueil et dans l'éducation qui conduit toujours père et mère à s'effacer pour qu'advienne le fils ou la fille dans sa liberté d'homme ou de femme. Comment réduire ce tissu relationnel à du « biologique » ? La filiation est-elle « biologique » ?

En préservant la paternité par reconnaissance et la maternité pour celle qui porte l'enfant et en accouche, en refusant de les subordonner à la notion contradictoire de filiation biologique, le droit français exprime une tradition qui défend une réalité anthropologique fondamentale et qui reconnaît la dignité de notre humanité.

VII

RECOURS AU DIAGNOSTIC PRÉNATAL ET AU DIAGNOSTIC PRÉIMPLANTATOIRE

Accroître la vigilance contre l'eugénisme individuel ou collectif ?

N'est-il pas temps d'arrêter l'instrumentalisation de l'enfant ?

Dans sa lettre de mission au Conseil d'État, le Premier ministre se demande si les dispositions encadrant les pratiques du DPN et du DPI permettront d'éviter toute pratique eugénique[1].

L'eugénisme demeure heureusement une abomination pour la conscience humaine. Il est pourtant légalement pratiqué, reconnaît le Conseil d'État. Analysant « le développement des possibilités de dépistage », il conclut : « Tout assouplissement du DPI induit des risques supplémentaires d'eugénisme »[2]. Il estime que « le cas de la trisomie 21 appelle à la vigilance » puisque « 96 % des cas détectés donnent lieu à une interruption de grossesse, ce qui traduit une pratique individuelle d'élimination presque systématique »[3]. Il reconnaît enfin que « les condi-

---

1. Pour le Conseil d'État, « l'eugénisme peut être désigné comme l'ensemble des méthodes et pratiques visant à améliorer le patrimoine génétique de l'espèce humaine. Il peut être le fruit d'une politique délibérément menée par un État et contraire à la dignité humaine. Il peut aussi être le résultat collectif d'une somme de décisions individuelles convergentes prises par les futurs parents, dans une société où primerait la recherche de l'"enfant parfait", ou du moins indemne de nombreuses affections graves ». Ceci est présenté comme un « risque ». Voir *Étude*, p. 40.

2. Cf. *Étude*, p. 40. « Dans le cas du DPI, le risque de dérive eugénique est, par nature, plus important », *ibid.*, p. 42.

3. Cf. *Étude*, p. 40. L'étude précise que 92% des cas de trisomie 21 sont détectés. Sur ce sujet, on lira avec profit Jean-Marie Le Méné, *La trisomie est une tragédie grecque. 50 ans après la découverte de la trisomie 21, comment éviter une politique eugéniste ?* Salvator, 2009. M. Le Méné a été auditionné par le groupe multidisciplinaire du Conseil d'État. La Haute Autorité de Santé reconnaît que pour « certains auteurs », il y a « une pratique eugéniste collective » qui « risque d'entraîner une attitude globalement

tions d'accès au DPN (...) ne permettent pas d'écarter

---

négative à l'égard des personnes atteintes de trisomie 21 et de renforcer le phénomène social de rejet des sujets considérés comme anormaux en rendant encore plus intolérable la moindre anomalie de l'enfant et du fœtus», in *Évaluation des stratégies de dépistage de la trisomie 21*, Juin 2007, 182 p., p. 24. Cette *Évaluation* rappelle l'Avis n° 61 du CCNE en date du 29 mai 2001 ; elle en déduit : «cela signifie que toutes les solutions de prise en charge et d'accueil des enfants atteints de trisomie 21 doivent être préservées, proposées systématiquement et financées» (p. 25). Elle veut «clarifier la situation actuelle afin que soient maintenues les conditions d'un consentement libre et éclairé au dépistage de la trisomie 21» (p. 52). Or, explique l'*Évaluation*, «la loi du 4 juillet 2001 laisse une large part à la décision individuelle et le terme de "particulière gravité" est interprétable. Cette liberté fait peser une lourde responsabilité sur les professionnels et sur les familles. Il est impératif dans ces conditions de délivrer une information de qualité aux populations concernées pour que leur acceptation corresponde à un consentement libre et éclairé» (p. 102). L'*Évaluation* s'appuie sur des études montrant que, parmi toutes les hypothèses envisagées par les femmes, «la naissance d'un enfant atteint de trisomie 21 était toujours considérée comme la pire conséquence possible... La naissance d'un enfant atteint était encore moins "préférée" que la perspective de ne jamais avoir d'enfant» (p. 118). L'*Évaluation* conclut en disant que les femmes, selon ces études, demandent que le dépistage soit «réalisé au 1er trimestre» (p. 120). C'est pourquoi, la Haute Autorité de Santé, tout en reconnaissant qu'elle n'a «aucune légitimité officielle en matière d'éthique» (p. 143), vérifie – sommairement – qu'il n'y a pas d'obstacle éthique à ce dépistage ; elle en recommande donc la pratique en insistant sur «la nécessité de proposer des supports d'information» et en précisant : «Le dépistage prénatal, comme l'IMG, ne doivent en aucun cas être présentés comme une obligation. Cette information devra permettre d'éclairer les choix des femmes aux trois temps de la décision (dépistage, diagnostic et IMG)» (p. 164). Force est de constater que l'*Évaluation* évoque toujours la décision de l'IMG ; certes, le lecteur peut formellement comprendre qu'il s'agit de la possibilité de prendre une décision négative ou positive. Mais pourquoi, comme cela a été relevé, l'*Évaluation* ne fait-elle pas porter la décision sur le fait de garder l'enfant, ce qui peut être l'objet d'un choix, négatif ou positif ? Voir P. Leblanc, «L'éthique médicale à l'épreuve de la loi de bioéthique. Point de vue d'un obstétricien», *Journal de Gynécologie Obstétrique et Biologie de la Reproduction* (2009), 38, pp. 363-366. Voir à ce sujet *infra*, note 5.

totalement d'éventuclles dérives»[4]. L'angoisse suscitée chez les mères lorsque la trisomie 21 est évoquée, conduit un nombre non négligeable d'entre elles à recourir à l'interruption volontaire de grossesse avant même la confirmation des résultats[5]

Selon le Rapport des États Généraux, «la réflexion des citoyens sur le DPI et le DPN est marquée par le souci d'éviter les effets potentiellement eugénistes d'un usage incontrôlé de ces techniques»[6]. Les citoyens «préconisent donc une grande prudence» et «émettent de fortes réserves quant à l'extension de ses indications». Sont exclus les recours au DPI «pour des raisons de convenance» et «comme moyen d'éradication des maladies». Les citoyens souhaitent qu'«à l'occasion d'un DPI ne soit recherchée qu'une et une seule maladie et s'opposent à l'établisse-

4. Cf. *Étude*, p. 41.

5. À ce sujet, il est regrettable, voire inquiétant, que le Ministère de la Santé n'ait pas attendu le débat parlementaire pour autoriser par décret l'extension des tests de dépistage de la trisomie 21 au premier trimestre de la grossesse (Arrêté du 23 juin 2009). La confirmation du diagnostic avant 14 semaines se fait par une biopsie de trophoblaste qui provoque deux fois plus de fausses couches accidentelles que l'amniocentèse, ce qui irait à l'opposé de l'avantage recherché de moins de fausses couches secondaires à l'amniocentèse. Par ailleurs, la modification envisagée pour le dépistage engendrera davantage de suppression d'enfants à naître : l'avancée de la date du dépistage fait que celui-ci aura lieu avant 14 semaines d'aménorrhée, période pendant laquelle la femme peut encore avoir une IVG. À ce stade, informer la femme qu'elle a une probabilité, même très faible, d'attendre un enfant trisomique 21 ne peut que provoquer chez elle inquiétude et angoisse et la pousser vers l'IVG, encore possible à ce stade, sans attendre les résultats de l'examen génétique, trop tardif, l'obligeant à rentrer dans le cycle non plus de l'IVG mais de l'IMG et des commissions spécialisées. Loin de diminuer le nombre d'interruptions de grossesse, cela aurait au contraire comme effet de les multiplier.

6. *Rapport*, p. 39.

ment d'une liste de maladies susceptibles d'être diagnostiquées »[7].

À cette crainte du développement des pratiques eugéniques s'ajoute un autre élément de perplexité relevé par le Conseil d'État : « Comme pour les tests génétiques chez les adultes, la médecine prédictive chez l'embryon permet de détecter de plus en plus souvent des prédispositions, et non la présence certaine d'un handicap ou d'une pathologie ». Il en déduit que « la part d'incertitude qui s'attache au résultat d'un test génétique exprimé sous forme probabiliste place les intéressés devant le choix difficile de procéder à une interruption volontaire de grossesse si elle est encore possible alors même que la probabilité de réalisation du risque chez l'enfant resterait limitée »[8]. N'avons-nous pas ici l'occasion de faire jouer le principe de précaution et d'éviter de telles situations en interdisant de communiquer un résultat qui, en l'état actuel de la science, est très incertain ?[9]

Accroître la vigilance contre l'eugénisme individuel ou collectif ?

Le Conseil d'État en déduit simplement ceci : « Il convient de rester vigilant afin que la politique de santé publique ne contribue pas, par effet de système, à favoriser un tel comportement collectif ». Évacuant l'idée d'un « système » déjà existant, il fait dépendre l'existence de l'eugénisme et de ses dérives sur les seules décisions individuelles. Et pourtant, n'existe-t-il pas une dérive

7. *Rapport*, p. 40.

8. Cf. *Étude*, p. 39.

9. Cf. Bertrand MATHIEU, *La bioéthique*, *op. cit.*, pp. 64-65.

eugéniste collective[10] qui contribue à un « système » la favorisant à son tour ? Comment éviter toute dérive eugéniste sans discerner avec justesse et lucidité les contours de ce « système » ? Ne faut-il pas avoir le courage de considérer que la médecine, par les pratiques du DPN et du DPI, s'est plus engagée dans la voie de l'éradication du malade plutôt que de la maladie ?

Les citoyens rappellent avec raison que « la solution au handicap passe exclusivement par la recherche sur les maladies et non par l'élimination ». C'est pourquoi, « conformément à la tradition hospitalière qui fonde une civilisation qui ne se reconnaît pas dans le miroir déformant de la société marchande, les citoyens demandent à l'État d'assumer pleinement sa mission de protection et d'intégration des personnes handicapées, en mettant en place les structures et les financements nécessaires »[11]. « Ils considèrent que l'existence de "gardes fous" est de nature à assurer le respect du "principe de respect de la diversité humaine" auxquels ils sont attachés »[12].

Le Conseil d'État préconise « l'information et l'accompagnement des femmes » avec leurs dimensions « d'annonce » et « de conseil ». Cela est éminemment souhaitable

---

10. Voir *Propos pour un dialogue*, pp. 144-146. Voir aussi Bertrand MATHIEU, *La Bioéthique*, pp. 68-72, notamment : « En fait, c'est l'insertion de pratiques eugéniques dans un système social cohérent, la mise en œuvre d'un programme eugénique, qui sont prohibées. Les frontières qui séparent les pratiques eugéniques licites de celles qui ne le sont pas sont alors relativement floues », *ibid.*, p. 71. François MATTEI parle d'un « eugénisme de masse », *Famille chrétienne*, n° 1637, 30 mai 2009, p. 17.

11. Voir *Rapport*, p. 41. Il est étrange que l'étude du Conseil d'État n'aborde d'aucune manière cette question.

12. *Rapport*, p. 40. Voir aussi la courte analyse des expressions des internautes sur le Site des États Généraux, *Rapport*, p. 57.

en amont du test comme en aval afin que le choix soit libre et éclairé. Ne faut-il pas aussi informer et accompagner le père de l'enfant ? Ne conviendrait-il pas d'informer également sur la notion de probabilité du résultat du test en amont de sa réalisation ? N'est-il pas souhaitable de trouver une procédure de telle sorte que l'équipe médicale, d'une part, ne soit pas sous la menace d'un jugement et, d'autre part, n'influence en rien la décision de la femme enceinte ? Le Conseil d'État reconnaît que « les difficultés de notre société à se confronter à la question du handicap » sont « persistantes »[13]. N'est-il pas vrai qu'elles sont partagées par les équipes médicales ? Sans doute sont-elles partagées aussi par les parents de l'enfant à naître. Mais il est évident que l'équipe médicale n'est pas dans le même rapport avec l'enfant à naître que sa mère (et son père). Dès lors, ne faudrait-il pas mieux former les équipes médicales au respect de ce lien auquel nul ne peut se substituer ? Cette information et cet accompagnement devraient en effet intégrer la possibilité d'accueillir un enfant porteur d'un handicap ou d'une maladie génétique.

Certains pensent qu'il serait préférable que, après l'acquisition du résultat positif du test révélant la maladie recherchée, l'équipe d'accompagnement et de conseil soit une autre équipe que celle qui a informé et accompagné avant la réalisation du test. D'autres estiment au contraire que les parents auront davantage confiance s'ils peuvent dialoguer en toute liberté avec une seule personne, le médecin de leur choix, en amont et en aval du test. Quoi qu'il en soit, ne faudrait-il pas former un personnel spécialisé dans l'annonce du résultat du test, positif ou non ? Le Conseil d'État propose dans ce sens qu'une femme

---

13. Cf. *Étude*, p. 40.

enceinte concernée par un résultat positif soit orientée vers un Centre pluridisciplinaire de diagnostic prénatal[14].

Dans le cas du DPI, le Conseil d'État estime juste «le choix de ne pas dresser une liste de maladies ouvertes au DPI» afin de «laisser aux équipes médicales une liberté d'appréciation suffisante et éviter de considérer a priori qu'une vie ne vaut pas d'être vécue quand elle s'accompagne de telle ou telle affection»[15].

Cette sage précaution n'invite-t-elle pas à la mise en place d'une formation spécifique pour que les équipes médicales changent leur regard sur le handicap[16]? Les citoyens

14. Cf. *Étude*, p. 42.

15. Cf. *Étude*, p. 43.

16. Par exemple, voir l'appréciation de l'Espace Éthique Méditerranéen : «Concernant l'échographie, le besoin de formation est souligné, notamment afin que l'échographiste de dépistage ne soit pas "toxique" dans ses propos lors de l'annonce d'une anomalie aux couples. Les pratiques de diagnostic prénatal et notamment l'échographie ne peuvent-elles pas faire évoluer (peut-être négativement) le regard des gens sur les personnes différentes, handicapées ? N'en viendra-t-on pas à critiquer les parents qui choisiront de garder un enfant identifié lors de l'échographie comme porteur d'une anomalie grave ? En effet, quelles que soient nos convictions, nous ne pouvons pas ne pas nous interroger sur l'impact, en termes anthropologiques, culturels, sociaux, des pratiques que nous développons en matière de diagnostic prénatal», in *Rapport-Annexe*, p. 33. Voir aussi la réflexion développée à l'hôpital d'enfants de La Timone à Marseille : «Sur le plan symbolique et social, certains participants se demandent quel sera, à long terme, le retentissement que les techniques anténatales généreront dans l'imaginaire collectif, pour les familles qui auront accepté l'accueil d'un enfant handicapé. L'élimination de sujets porteurs de trisomie n'est-elle pas lourde de sens ? N'y a-t-il pas un danger à ce que de telles personnes soient perçues par la société comme un poids économique qui aurait pu être allégé si les techniques avaient permis d'empêcher leur naissance ? Ne plus voir d'autre alternative aux affections congénitales graves que le seul diagnostic anténatal aboutira à alimenter les perceptions stigmatisantes, ce qui est déjà le cas, entre autres, pour les personnes affectées par

rappellent que « la maladie et le handicap n'altèrent pas notre humanité ». Cela ne ferait-il pas partie des « recommandations de bonne pratique » que le Conseil d'État souhaite pour les Centres pluridisciplinaires de diagnostic prénatal ?

N'est-il pas temps d'arrêter l'instrumentalisation de l'enfant ?

Le Conseil d'État voit dans la pratique du « double DPI » ou « bébé médicament », autorisé « à titre expérimental » par la loi de 2004, « des problèmes éthiques aigus », car cette pratique « contredit frontalement le principe selon lequel l'enfant doit venir au monde d'abord pour lui-même ». Il souligne le « risque d'instrumentalisation » de l'enfant que suscite cette pratique et qu'avait signalé le CCNE[17]. Les résultats acquis[18] montrent que cette

---

l'autisme, l'X fragile ou la trisomie 21. Les autorités compétentes doivent veiller à améliorer la vie des personnes trisomiques, en favorisant une meilleure connaissance de leurs difficultés et leurs réussites. Au cours des dernières années, la trisomie a fait l'objet d'une prise en charge qui a amélioré la qualité de vie des personnes qui vivent avec un handicap. Cette information mérite d'être portée à la connaissance des couples afin que leur choix soit réellement informé », in *Rapport-Annexe*, p. 28. Voir aussi la réflexion du CHU de Dijon : « De manière plus générale, les participants ont souhaité que la loi renforce l'information et l'accompagnement du couple dans la démarche, soit d'IMG, soit d'accueillir un enfant porteur d'un handicap quel qu'il soit », in *Rapport-Annexe*, p. 80.

17. Cf. *Étude*, p. 44.

18. Le Conseil d'État précise qu'il y a eu 7 demandes depuis 2006. Lors des auditions de l'OPECST du Professeur Steffann et du Professeur Viville, il a été confirmé qu'aucun enfant n'avait encore vu le jour par cette technique, que deux couples étaient en cours d'essai sans succès pour l'instant sur six autorisations. Ces auditions ont révélé que certains parents se sentaient dans l'obligation de tenter cette technique parce qu'elle était disponible, que le taux de succès de naissance d'un enfant était de 8,5% et que les problèmes éthiques soulevés par cette prati-

pratique n'a pas « trouvé une justification médicale suffisante ».

Tout ceci permet au Conseil d'État de suggérer la suppression de cette possibilité ou de proroger l'autorisation exceptionnelle et de la réévaluer dans cinq ans au vu des bénéfices médicaux ou des alternatives possibles. Si la réévaluation dans cinq années était décidée, comment maintenir de façon cohérente la validité du principe selon lequel un enfant est mis au monde « d'abord pour lui-même » ?

Ce dispositif de réévaluation dans les cinq ans pour le double DPI est l'exception à la proposition du Conseil d'État de mettre en place une loi cadre non soumise à un réexamen régulier. Ne serait-il pas plus cohérent de revenir dès maintenant sur l'autorisation expérimentale de cette technique qui engendre tant de questions éthiques ? Pourquoi ne pas décider le plus vite possible, sans attendre cinq ans, d'interdire le double DPI afin de respecter le principe juste selon lequel un enfant est mis au monde « d'abord pour lui-même » ? Cet interdit n'aurait-il pas force symbolique pour exprimer à la société que la venue au monde des enfants est un don qui lui est fait ? N'a-t-elle pas mission, au nom de tous ses membres, d'accueillir ce don en lui-même ?

N'est-ce pas l'occasion de manifester clairement que l'enfant est sujet d'une histoire qui est sienne, et non pas le produit ou le projet réalisé par autrui même pour des raisons thérapeutiques ? L'enfant, comme aucun adulte, n'est jamais destiné à exercer la solidarité malgré lui, même à l'intérieur

---

que était trop nombreux, engendrant un refus par l'équipe de Strasbourg de proposer cette technique. En Espagne, un « bébé médicament » est né le 12 octobre 2008 et il semble que le sang de son cordon ombilical ait permis d'obtenir la guérison de son frère aîné d'une forme grave d'anémie, une bêta-thalassémie majeure. Cf. *La Croix* du 16 octobre 2008 et *Gènéthique*, synthèse de presse du 16 mars 2009.

de la fratrie à laquelle il appartient. Notre loi civile n'est-elle pas appelée à promouvoir « l'intérêt supérieur » de tout enfant et à régler les procédures de la procréation de telle sorte que cette loi soit le reflet d'une société qui aime les enfants et reconnaisse dans leur conception et leur naissance un bien commun à respecter ? Notre société les accueillera alors avec toujours plus de joie et de solidarité : ses enfants, qui sont toujours fils ou filles d'un homme et d'une femme, seront dès lors pour elle une promesse et une espérance.

TABLE DES MATIÈRES

Achevé d'imprimer en novembre 2009 par Corlet, Imprimeur, S.A. - 14110 Condé-sur-Noireau
N° d'Imprimeur : 125392 - Dépôt légal : novembre 2009 - *Imprimé en France*

Mise en pages P-Print graphique (www.p-print.ch)